KB267838

버전 3.0 업그레이드 프로젝트

IT 핵심 인재의 The SECRET

버전 3.0 업그레이드 프로젝트

초판 1쇄 인쇄   2014년 11월 28일
초판 1쇄 발행   2014년 12월 05일

지은이   최 치 호
펴낸이   손 형 국
펴낸곳   (주)북랩
편집인   선일영   편집   이소현, 김아름, 이탄석
디자인   이현수, 신혜림, 김루리   제작   박기성, 황동현, 구성우
마케팅   김회란, 이희정
출판등록 2004. 12. 1(제2012-000051호)
주소   서울시 금천구 가산디지털 1로 168, 우림라이온스밸리 B동 B113, 114호
홈페이지 www.book.co.kr
전화번호 (02)2026-5777   팩스   (02)2026-5747

ISBN   979-11-5585-421-1 13320(종이책)
          979-11-5585-422-8 15320(전자책)

이 도서의 국립중앙도서관 출판예정도서목록(CIP)은 서지정보유통지원시스템 홈페이지(http://seoji.nl.go.kr)와
국가자료공동목록시스템(http://www.nl.go.kr/kolisnet)에서 이용하실 수 있습니다.
(CIP제어번호 : CIP2014034599)

IT 핵심 인재의 The SECRET

VERSION 3.0 UPGRADE PROJECT

버전 3.0 업그레이드 프로젝트

| 최치호 지음 |

북랩 book Lab

예전에 컨설팅 회사에서 근무할 때의 기억을 되돌려 보면, 그다지 좋은 기억이 나지 않는 것 같습니다. 빡빡한 프로젝트 스케줄, 제안서 작업 등 항상 과도한 업무에 시달렸으며, 이 일을 언제까지 해야 하나 하는 생각을 많이 했었던 것 같습니다. 하지만, 지금 와서 생각해 보면 힘든 컨설턴트 생활이었던 만큼 업무 처리 방법에 대해 체계적으로 배울 수 있었던 좋은 기회였던 것 같습니다.

프로세스 혁신 프로젝트를 진행하면서 프로세스를 분석하고 설계하는 노하우를 익힐 수 있었으며, 본인의 전공과 전혀 상관없는 IT 프로젝트를 진행하면서 알게 된 기술 아키텍쳐, 데이터베이스구조 등도 이후에 ERP 전문가가 되는데 하나의 큰 바탕이 되었던 것 같습니다.

다양한 IT 프로젝트를 진행함에 있어 한 가지 느낄 수 있었던 공통점은 비즈니스와 IT는 서로 다른 언어를 사용하는 사람들 같이 느껴졌으며, 서로의 이해관계가 많이 다르다는 점이었습니다. 어느 한쪽에

치우치지 않고, 비즈니스와 IT에 대해 융합된 지식이 있는 사람이 프로젝트를 관리하게 된다면 어떨까 하는 생각을 많이 하게 되었으며, 제가 그러한 사람이 되고 싶다는 생각을 많이 하였습니다.

업무 분석, 프로그램 설계, 시스템 구축을 하는 분들은 사실 많이 있습니다. 다만 IT 영역에만 머무르지 않고, 비즈니스 프로세스에 대한 이해, 재무적 이해, 논리적 사고 등과 같은 역량을 같이 갖추어 간다면 IT인으로서 분명 다른 분들과 차별화 포인트가 되지 않을까 합니다.

본 책은 주로 IT인으로서 사회에 처음 발을 들여 놓는 신입 사원 및 개발자, 설계자, 테스트매니저, 프로젝트 매니저 등을 대상으로 하고 있습니다. 다만, 순수 IT 영역에만 머물러 있지 말고, 비즈니스 프로세스 영역으로 깊숙이 발을 들여 놓음으로써 어떻게 IT와 비즈니스의 융합된 경험을 체계적으로 쌓을 수 있을지에 더 중요한 포커스를 두고자 하였습니다.

특히 성공적인 프로젝트 관리 방법, 프로젝트 기획, 이슈 및 리스크 관리 등은 순수 IT 관점이 아니라, 가급적 IT와 비즈니스를 동시에 보려는 관점으로 서술되었습니다. 또한 IT인들이 상대적으로 비즈니스보다 약한 부분인 문서작성 방법, 커뮤니케이션 방법, 발표 방법 등에도 많은 지면을 할당하고자 하였습니다.

책을 쓰면서 사실 참고한 책은 거의 없는 것 같습니다. 일을 하면서 느끼고 배웠던 점을 가급적 많은 예를 들어가며 적고자 하였습니다. 수많은 내용들을 한 권으로 압축하는 것도 쉽지 않은 작업이었던 것 같습니다. 사실 본 책의 근원은 현재 직장으로 이직하면서 직원들과의 자연스러운 토의(Discussion)를 위해 준비한 토의자료(Discussion Material)가 바탕이 되었습니다. 2-3페이지짜리 원고들이 시간이 지나니 이제 수백 장의 자료가 되었습니다.

책 제목이 버전 3.0이라는 뜻은 Web 3.0에서 가지고 왔습니다. 텍스트 기반의 단방향 Web 1.0에서 양방향 기반의 Web 2.0을 넘어, 이제는 Web 3.0의 시대로 가고 있습니다. 웹이 지속적으로 진화하듯이, 1이 현재의 여러분들이라면 버전 2를 넘어 3으로 자신을 업그레이드할 수 있는 조그마한 팁이라도 공유하고 싶은 마음에 출판을 결심하게 되었습니다.

책 마지막 부분은 일부 수필형식으로 적었는데, 우리의 꿈에 대한 이야기입니다. 만약 꿈이 없다면, 그 꿈을 이루기 위해 노력해야 할 필요도 없으며 영원히 AS-IS(현) 상태로 안주해야 합니다. 아무쪼록 이 조그마한 책이 여러분들이 슈퍼 IT맨으로 성장하는 데 조그마한 도움이 되었으면 하는 바람입니다.

특히 중요한 점은 모티베이션(Motivation, 업무 동기)이라는 것은 매니저, 상사가 만들어 주는 것이 아니라, 여러분들이 만들어 나가야 한다는 것입니다. 여러분의 힘으로 만들어낸 그것이 여러분들을 경영진과 경영을 논하는 CIO(최고정보책임자) 자리까지 올라갈 수 있게 하는 원동력이 될 것입니다.

마지막으로 책 제목을 선정하는데 너무 많은 고민을 하는 아빠에게 여러 가지 아이디어를 준 아들 시윤이에게 감사의 말을 전하고 싶고, 항상 자신들의 임무를 묵묵히, 성실하게 수행하고 있는 저희 팀원들에게 이 책을 바칩니다.

CONTENTS

VERSION 3.0 UPGRADE PROJECT

PART 1

프로젝트란 무엇이며
핵심 고려 요인에는 무엇이 있는가?

일상생활에서의 프로젝트

프로젝트는 우리의 일상생활에서도 항상 접하게 됩니다. 예를 들어, 이사, 결혼, 장례식과 같은 일련의 행사들이 전부 프로젝트가 될 수 있습니다. 이런 행사들에서 볼 수 있는 공통점은 무엇일까요?

첫째, 정해진 혹은 주어진 시간이 있습니다. 이사 날짜도 정해져 있으며 결혼식 날짜도 정해져 있습니다. 이사나 결혼의 경우 하루 안에 행사가 끝나게 됩니다만, 준비 시간을 포함하게 되면, 적게는 2달에서 많게는 6개월 이상 지속되기도 합니다.

둘째, 돈이 들어가게 됩니다. 이삿짐센터 직원, 결혼 코디네이터 등과 같이 인적자원의 비용이 들어갈 수도 있으며, 결혼 예물, 새로운 가구, 등과 같은 물적 자원에 대한 비용도 지출될 수 있습니다.

마지막으로 이러한 행사의 공통점은 무엇일까요? 바로 퀄리티 (Quality)입니다. 이사 계획을 잘 못 세웠을 경우 추가 비용이 발생할 수 있으며(예: 손이 좋은 날, 주말 등), **바쁜** 날의 경우 아무래도 이삿짐센터 직원분들이 가구 옮기는 작업 등에 소홀히 할 수 있는 가능성은 높아지게 됩니다.

또한 결혼의 경우, 예식준비, 신혼여행, 예물 준비 등에 만전을 기해야 하며, 혹 몇 가지 관리에 실패를 하게 되면 예비 신혼부부가 예물 준비 관계로 다투기도 하고, 심하게 되면, 파혼까지 하게 되어 해당 프로젝트는 중간에 종료되게 됩니다.

비용과 퀄리티는 많은 경우에 있어, 비례 관계에 있습니다. 예를 들어 이삿짐센터 직원을 두 명을 고용해도 될 것을 다섯 명을 고용하게 되면 짧은 시간 내에 퀄리티를 채우는 이사를 할 수 있을 겁니다. 다만, 비용을 절감하고자 한 명을 부르면, 한 사람이 하루에 이사를 끝내지 못할 것이며, 이는 다음날 일상 활동에 많은 영향을 주게 됩니다. 결국 퀄리티를 보장하기 위해서는 어느 정도의 합리적인 비용 지출이 필수적이며, 무리한 즉, 저예산 프로젝트의 추진은 아예 시작하지 않았을 때보다 못한 경우가 있습니다. 추후 막대한 비용이 추가적으로 들 수도 있기 때문입니다.

프로젝트를 한마디로 요약하면 시작과 끝이 있으며, 비용과 퀄리티가 존재하는 하나의 활동입니다. 이러한 세 요소를 하나의 삼각형 꼭짓점에 두게 되면, 프로젝트 상황에 따라, 삼각형 모양이 바뀔 수 있습니다. 즉, 비용을 적게 들이고, 퀄리티를 보장하려면, 그림 1.1과 같이 기간을 늘려야 합니다. 보통 반드시 해야 하는 프로젝트이나, 단기적인 비용 지출이 부담스러울 경우 본 방법을 이용하게 됩니다.

두 번째는 그림 1.2와 같이 퀄리티를 보장함과 동시에 짧은 기간에 많은 비용을 투자하여 진행하는 방법입니다. 보통 아주 급하게 진행해야 하는 프로젝트에서 많이 볼 수 있습니다. 예를 들어, 회사의 인수합병으로 인해 시스템을 통합하는 경우가 본 경우에 해당됩니다.

서양의 경우 이러한 프로젝트 요소에 근거하여, 프로젝트가 많이 진행되지만, 한국전쟁 이후 급격한 경제 성장을 이룩한 한국의 경우 짧은 시간에 적은 비용으로 퀄리티를 보장하는 프로젝트를 많이 진행하고자 하였습니다.

하지만 짧은 시간에 적은 비용의 경우 퀄리티를 보장하기는 쉽지 않습니다. 과거 백화점 붕괴, 성수 대교 붕괴 등과 같이 만약 기간과 비용이 어느 정도 만족할 수준이었다면 그러한 사고는 막을 수 있었을 것입니다.

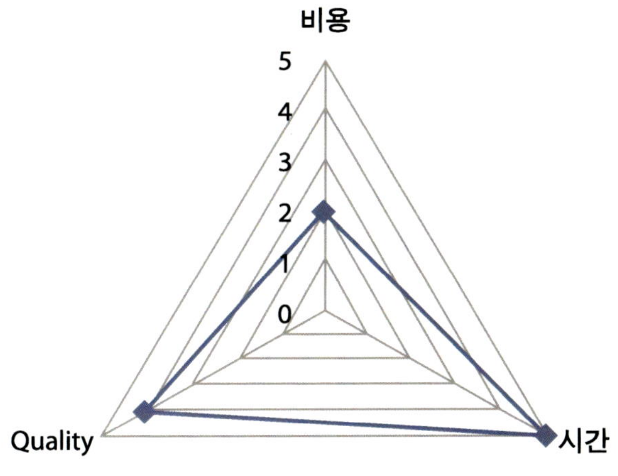

그림 1.1 비용분산을 통한 기간 연장 프로젝트의 예

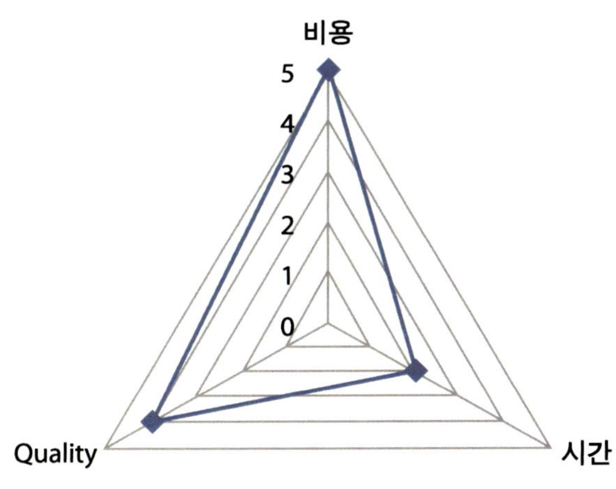

그림 1.2 집중적인 비용투자를 통한 기간 단축 프로젝트의 예

업무로서의 프로젝트 유형들

앞서 이야기한 일상생활에서의 프로젝트를 일반 회사로 옮겨 오더라도 전체적인 내용은 유사합니다. 다만 결과물에 차이가 있을 뿐입니다. 성공적인 결혼, 성공적인 이사가 아닌, 주로 '시스템 구축 프로젝트', '프로세스 개선 프로젝트', '신상품 출시 프로젝트', '해외진출 프로젝트' 등이 회사에서 가장 보편적으로 접할 수 있는 프로젝트 유형들입니다. 그럼 IT와 비즈니스 관련하여 가장 대표적인 프로젝트 유형에 대해 좀 더 자세히 살펴보도록 하겠습니다.

IT 관련 프로젝트(패키지 구축 vs 내부 In-House 개발)

IT 관련 프로젝트의 경우 시스템 구축이 대표적인데, 시스템 구축은 또다시 패키지(Package)를 이용하여 시스템을 구축하는 경우와 자체적으로 순수 개발하여 진행하는 내부 개발 프로젝트로 크게 나누어질 수 있습니다.

패키지 시스템 구축 프로젝트란 이미 만들어져 있는 어플리케이션을 도입하여 자사에 맞게 커스터마이제이션(Customization)하는 프로젝트를 의미합니다. 보통 기업체에서 사용하는 대규모 업무 프로세스를 지원하기 위해서 패키지 구축 프로젝트를 진행하게 됩니다.

전사적 자원관리(Enterprise Resource Planning, ERP), 고객관계관리(Customer Relationship Management, CRM), 공급망관리(Supply Chain Management, SCM) 영역 등에 많은 패키지가 존재하고 있으며 특히 ERP의 경우는 1990년 후반부터, 2000년 초반까지 한국 기업들이 경쟁적으로 주요 제품인 SAP(독일)나 Oracle(미국)을 도입하였습니다. 두 제품은 현재까지도 ERP 시장의 거대 양대 산맥입니다.

ERP 패키지 구축의 경우, 기간은 최소한 1년 정도는 소요된다고 보아야 하며, 일반적으로 As-Is 프로세스 이해, To-Be 프로세스 도출, 패키지 선정, 패키지와 To-Be 프로세스 간의 GAP 분석, 요구사항 분석,

GAP 개발, 테스트, 교육, Go-Live 식으로 진행하게 됩니다.

특히 패키지의 경우 패키지 판매 회사들이 많은 기업들에게 구축을 하면서 버전 업그레이드를 해왔기 때문에 일반적으로 80% 정도의 업무 프로세스는 해당 패키지가 지원할 수 있는 것으로 알려져 있습니다.

하지만 기업마다 가지고 있는 고유한 프로세스가 있기 때문에 해당 패키지를 기업에 맞게 수정/변경하게 됩니다. 프로세스 수 기준으로 보게 되면 30% 이상 수정해야 하는 패키지의 경우 상당한 리스크를 가지고 프로젝트를 임하게 되며, 패키지 구축의 가장 큰 장점인 신기능을 위한 업그레이드도 거의 불가능하게 됩니다.

따라서 유능한 패키지 컨설턴트들의 경우 해당 패키지를 수정/변경하지 않고, 해당 업무 프로세스를 만족할 수 있게 하는 여러 가지 대안(Workaround)들을 제시하게 됩니다. 유저 입장에서는 다소 불편할 수 있지만, 시스템의 무분별한 수정/변경을 막을 수 있다는 점에서 대안(Workaround) 개발은 패키지 구축에 있어 중요한 요소가 됩니다.

프로젝트 준비		프로젝트 기간 (평균 12개월 전후)				
Value Targeting	Software Selection	Analysis	Design	Build	Production	Post Production
• 주요 변화의 방향 선정 및 PI (Process 개선 작업) • 주요 요구사항 분석 및 정리 • 투자 대비 효과 분석 • 예산 확보 • 프로젝트 팀 구성 등	• 패키지 기본 이해 • 주요 요구 사항을 중심으로 한 패키지 적합도 분석 • 패키지 별 구축 예산 비교 • 패키지 최종 선정	• 현 프로세스와 패키지 프로세스의 갭 분석 • As-Is 및 To-Be 프로세스 파악 • 패키지 Gap 처리 전략 정의 • 데이터이행 전략정의 • 인터페이스 전략 정의	• 패키지 Gap에 대한 상세 처리 방법 정의 • 수정필요 시 상세 요구사항 정의 및 Technical Specification 개발 • To-Be 프로세스 상세 정의 • 테스트 계획 준비	• Gap을 위한 프로그램 개발 • 인터페이스 프로그램 개발 • 데이터이행 스크립트 개발 • 단위테스트 수행 • 통합테스트 케이스 및 스크립트 개발 • 유저 교육 자료 개발	• 통합테스트 수행 • Performance 테스트 수행 • 유저 교육 • Go-Live Readiness Check	• Cut-Over • 모니터링 • Warranty

그림 1.3 패키지 구축 프로젝트의 일반적 방법론

내부 시스템 개발(In-House development)의 경우, 분석, 설계, 구축 등 전반적인 추진 방법은 패키지 구축 방법과 비슷하지만, 세부 항목에 있어서는 패키지 구축과 성격이 아주 상이합니다. 예를 들어, 패키지 구축의 경우 이미 만들어져 있는 유형의 어플리케이션을 해당 기업의 프로세스에 맞추는 작업이 제일 중요하다면, 내부 시스템 개발의 경우 프로세스만 존재하는 무형의 상태에서 화면 디자인을 통해 하나씩 점진적으로 개발해 나가는 점이 중요합니다.

현재 프로세스가 비록 시스템 없이 매뉴얼로 운영되고 있지만 업무 처리 프로세스가 확실하다면 직접 내부 개발하는 것이 상대적으로 용이하겠지만 신사업 추진을 위해 내부 개발을 하는 경우는 더 복잡하고 난해하다고 할 수 있습니다. 새로운 사업에 대한 프로세스부터 하나씩 정의가 되어야 하니까요. 이럴 경우 적합도만 높다면 패키지를 이용한 구축이 상대적으로 용이할 수 있습니다.

테스트의 경우는 크게 다르지 않습니다. 일반적으로 하나의 기능을 테스트하는 단위테스트, 여러 가지의 기능들의 연계성을 테스트하는 통합 테스트가 있으며, 통합 테스트에는 일반적으로 다른 시스템 간의 인터페이스 테스트도 포함이 됩니다. 그리고 마지막으로 해당 어플리케이션을 사용할 유저들로부터 최종 검증을 받는 UAT(User Acceptance Test)가 있습니다.

최종적으로 스모크(Smoke) 테스트를 진행하기도 하는데 이는 최종 Go-Live에 앞서 문제가 없는지 약간의 실제 데이터를 이용해 진행을 하게 됩니다. 여기서 스모크라는 말이 붙은 이유는 굴뚝을 만들었다고 가정하였을 때 불을 한번 붙여보고 혹 중간에 연기가 새고 있는 곳이 없는지 재차 확인한다는 데서 유래가 되었다고 합니다.

비즈니스 관련 프로젝트

프로세스 관련 프로젝트의 경우는 6시그마(Six-Sigma), 업무혁신(Process Innovation), 운영전략수립 등이 대표적인 예가 될 수 있을 것입니다. 1990년대에 많은 각광을 받았던 프로젝트가 6시그마인데, 이는 프로세스마다 KPI(Key Performance Indicator, 핵심성과지표)를 정해 이를 수치화하고, 관리하는 것입니다. 6시그마의 의미는 백만 번에 에러가 3.4개 정도 발생할 수 있는 수준으로 프로세스를 관리한다는 의미입니다.

주요 프로세스에 KPI가 정해졌으면 이를 달성하고 유지하기 위해서는 프로세스 변화, 지원 툴 등도 같이 고려해야 합니다. 사실 금융권의 경우 백만 번에 3.4번 에러는 큰 사고로 이어질 수 있기 때문에, 7~9

그림 1.4 Six-Sigma의 일반적 프로젝트 방법론

시그마 이상으로도 간다고 알려져 있습니다. 참고로 말씀드리면, ±1 시그마는 68% 신뢰 수준, ±2시그마는 95%의 신뢰 수준, ±6시그마는 99.9997%의 신뢰 수준을 보여준다고 생각하면 됩니다.

또 다른 비즈니스 프로젝트의 경우 프로세스 혁신(Process Innovation)이 있습니다. 조직이 성장할 때는 주로 질적인 성장보다는 양적인 성장을 도모하게 됩니다. 이때 새로운 팀이 생겨나고, 새로운 프로세스가 성장을 지원하기 위해 많이 생겨나게 됩니다.

성장이 어느 정도 진행되고 나면, 조직 간의 업무중복, 비효율적 프로세스 등과 같이 양적 성장에 따른 부정적인 부산물들이 자연스럽게 발생합니다. 프로세스 혁신 프로젝트란 이러한 양적 성장에 따른 부정적인 면들을 제거하고 질적 성장을 도모하고자 많이 추진하게 됩니다.

프로세스 혁신의 핵심은 현 상황에 대한 문제점 파악 후, 변화의 방향을 설정하는 것입니다. 그리고 이러한 변화의 방향들을 어떻게 실행할 것인가에 대한 상세 계획이 이어서 수립됩니다.

아울러 Business Process Reengineering(BRP, 업무처리과정 재설계) 방법론을 이용하여, 현재 프로세스들을 점검한 뒤, 불필요한 프로세스 제거, 프로세스 단축과 같이 전반적인 프로세스들의 효율성을 재고하기 위해 신규 프로세스를 설계하게 됩니다. 그림 1.5는 프로세스의 혁신의 일반적인 추진 방법론입니다.

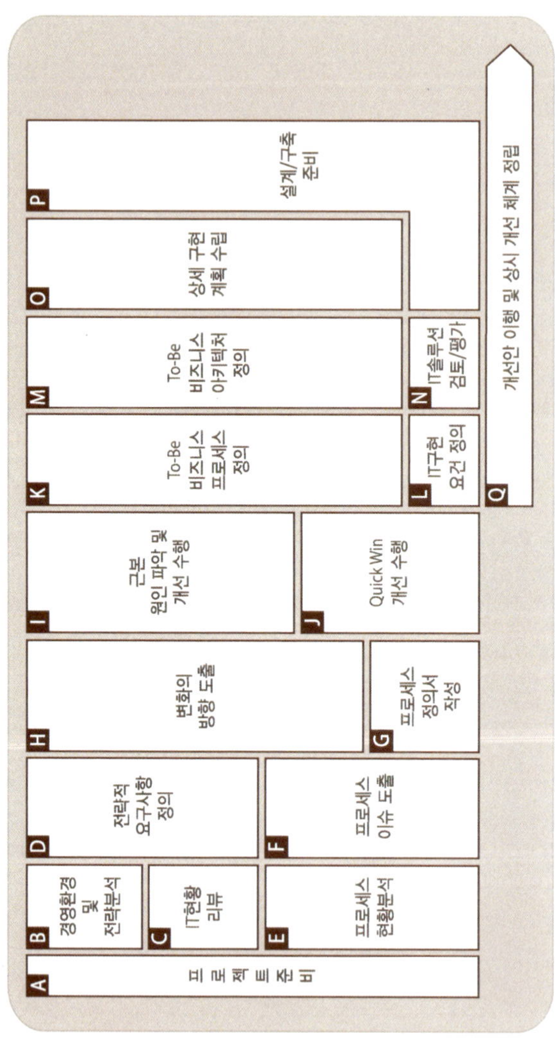

그림 1.5 프로세스 혁신 프로젝트 일반적 방법론

이 외에도 비즈니스에는 너무나도 다양한 프로젝트가 존재하지만 일반적으로 IT 혹은 비즈니스 분야에서 가장 많이 추진되고 있는 몇 가지 유형에 대해 살펴보았습니다. 위의 몇 가지 방법론에서 보았듯이 어떤 프로젝트이든지 시간의 흐름이 존재하고, 끝이 있다는 점이 프로젝트 성격의 가장 중요한 점이 아닌가 합니다. 이제는 이를 좀 더 세분화하여 어떠한 요인들을 고려하여 프로젝트를 성공적으로 마무리할 수 있을지에 대해 살펴보고자 합니다.

프로젝트의 인적 자원(Resource)

프로젝트란 무엇이며 핵심 고려 요인에는 무엇이 있는가?

성공적으로 프로젝트를 마무리하기 위한 요소들에는 여러 가지가 있을 수 있습니다. 앞서 이야기한 적절한 프로젝트 기간, 예산 등 다양합니다. 다만 가장 중요한 부분이라고 하자면 아마 해당 프로젝트를 진행할 적임의 인적자원(Resource)이 있느냐 하는 것입니다. 이 부분은 프로젝트의 구성 요소 중의 하나인 퀄리티(Quality)와 직결되는 부분입니다.

프로젝트를 책임지고 있는 프로젝트 매니저(Project Manager, PM)는 유사 프로젝트 경험이 있어야만 프로젝트를 성공적으로 마무리 지을 수 있는 확률이 높아지게 됩니다.

유명한 말이 있습니다. '무능한 팀원은 없고 무능한 팀장만 있을 뿐이다.' 혹 프로젝트 매니저가 유사 경험이 없는 상황에서는 팀원이라도 유사 경험이 있으면 어느 정도 프로젝트를 꾸려 나갈 환경은 구성됩니다. 다만, 프로젝트에 경험이 없는 프로젝트 매니저와 경험이 있는 프로젝트 팀원이 잘못 만나게 되면 상황이 아주 좋지 않을 수 있습니다. 팀원에 대한 통제가 안 될 수 있으며, 프로젝트 매니저를 상사로 인정하지 않는 최악의 상황을 만들 수 있습니다.

가장 힘든 프로젝트의 경우가 해당 프로젝트에 경험이 전무하며, 내/외부 도움이 없는 상황입니다. 어떻게든 되겠지 하는 방향으로 프로젝트를 시작한다면 중간에 난관을 만날 확률은 높아지게 되며 더욱이 그러한 난관을 헤쳐나갈 능력이 부족하다면 이를 수습할 추가적인 비용은 기하급수적으로 늘어나게 됩니다.

따라서, 프로젝트 팀 구성에는 해당 프로젝트에 대해 직/간접적인 경험이나 지식이 있는 인적자원이 반드시 참여하는 것이 바람직하며 부득이 내부 인력으로 구성이 힘들 시에는 외부 인적 자원을 고려해볼 수 있습니다.

프로젝트의 범위(Scope)

또 하나의 중요한 고려 요인 중의 하나는 프로젝트의 범위(SCOPE)입니다. 처음에 예산 1억으로 조그마한 프로젝트로 시작했다가, 예산은 그대로 1억이지만, 10억급 프로젝트로 확대되는 경우도 많이 볼 수 있습니다. 아주 골치 아픈 경우입니다. 이러한 추가 비용은 어떻게 충당해야 할까요?

따라서, 처음에 프로젝트 범위를 명확히 정하는 것은 아주 중요하며, 중간에 이런저런 이유로 프로젝트의 범위가 계속 확대되게 된다면, 주어진 시간 내에 주어진 예산으로 프로젝트를 완료할 가능성은 현저히 줄어들게 됩니다.

처음 프로젝트 진행 단계부터 철저히 프로젝트 범위에 대해서는 확실히 정의할 필요가 있습니다. 다만, 부득이 프로젝트 범위를 확대할 수밖에 없는 입장이라면, 원래 예정된 프로젝트를 끝내고 2단계(Phase2)

에서 진행하자라고 제안하는 것이 바람직합니다.

프로젝트 범위가 확대되는 것보다 더 통제하기가 힘든 부분이 처음에 해당 프로젝트의 범위를 과소 평가하거나, 반드시 해야 하는 일이나, 프로젝트 범위에서 누락된 경우입니다. 보통 프로젝트 범위를 기준으로 인적자원을 계획하고, 본 계획을 근거로 예산이 집행되는 경우가 많기 때문에 처음부터 과소평가된 프로젝트 범위는 전체 프로젝트 완료에 심각한 타격을 입히게 됩니다.

따라서, 프로젝트 제안이나, 준비 단계에서는 철저한 범위 분석이 이루어져야 하며, 이를 소홀히 할 시는 해당 프로젝트로 인해 막대한 비용적 손실을 가져 올 수 있습니다. 1년 예상한 프로젝트가 2-3년 진행되는 경우도 있으며, 이때 추가 비용에 대해서는 누군가가 지불해야 하며, 이는 처음 예산에 포함되어 있지 않은 금액이라, 그 파장은 굉장히 클 수가 있습니다.

프로젝트 진행 시에는 프로젝트 매니저는 프로젝트의 규모를 떠나 언제나 범위, 진행일정을 머릿속에 가지고 있어야 합니다. 그리고, 보고되는 이슈/리스크에 대해 어떠한 경로로 보고하고 해결할 것인가에 초점을 맞추어야 합니다. 초급 프로젝트 매니저가 범하는 실수 중의 하나가, 혼자 이슈에 대해 고민하다가 보고 시기를 놓쳐 전체 프로젝트가 위기에 처하는 경우입니다.

적절한(right) 시점에 이유 있는 이슈에 대해 상위 보고자에게 도움을 청하는 것은 아무 문제가 되지 않습니다. 프로젝트 매니저는 내부 커뮤니케이션에 많은 시간을 투자해야 하며, 언제든지, 예상되는 리스크를 습관적으로 생각하고 대응 전략을 마련해야 합니다. 보다 자세한 리스크/이슈 관리에 대해서는 7장에서 자세히 살펴보도록 하겠습니다.

프로젝트 팀원들 간의 팀워크

보통 프로젝트 관련 책들이 프로젝트 매니저의 입장에서 설명하지만, 관점을 달리하여, 프로젝트 팀원의 입장에서 설명하고자 합니다.

팀원의 입장에서는 먼저 내가 어떤 역할을 해야 하는지, 명확히 프로젝트 매니저와 정의해야 합니다. 프로젝트 매니저가 프로젝트 범위에 대해 정의하듯, 팀원의 경우, 자신이 할 일에 대해 명확히 프로젝트 매니저와 대화가 있어야 합니다.

프로젝트 범위와 마찬가지로, 본인 업무를 200% 초과하는 업무는 전체 프로젝트에 영향을 줄 수 있습니다. 인적자원(Resource)의 업무 가중은 프로젝트 매니저가 관리해야 할 사항이지만 팀원의 입장에서도 최소한 1주일에 1시간 정도는 프로젝트 매니저와 같이 일대일 미팅을 통해 예상되는 리스크라든지 본인의 업무 부담(Workload)에 대해 보고해야 합니다.

물론 중간 중간에 추가적인 일이 많이 생기게 되는데, 하나의 가이드를 드리자면, 밤 9시 이후까지 일하는 시간이 한 달에 15일을 넘어가게 되면, 이는 업무부담(Workload)이 심하게 걸린 경우이며, 모티베이션(업무동기)이 심각히 저하될 수 있으니 반드시 프로젝트 매니저와 이야기해야 합니다.

팀원 입장에서는 주어진 과업에 대해, 주어진 시간 내에 처리하는 것이 급선무입니다. 프로젝트란 팀원들 과업 간에 의존성이 있어 한쪽이 늦어지게 되면 전체가 늦어지는 일이 아주 많이 발생합니다. 따라서, 전체 프로젝트를 위해서도 혹 특정 과업이 지연될 수 있다는 징조가 보이면 언제든지 보고가 돼야 합니다. 팀원들의 입장에서도 주어진 과업완수와 더불어 적시의 보고는 아주 중요한 프로젝트의 고려 요인입니다.

IT 프로젝트의 경우, 비즈니스와 협업을 통해 프로젝트를 진행하는 경우가 많습니다. 특히 시스템 개발은 비즈니스 팀의 요구사항에서 도출될 수가 있는데, IT 컨설턴트의 경우, 이러한 요구 사항을 인터뷰를 통해 잘 도출할 수 있는 역량을 가지고 있어야 합니다.

예를 들어 어떤 IT 프로그램을 개발하는데, 가장 많이 접할 수 있는 경우가 '비즈니스가 요구사항을 주지 않았다', 비즈니스의 경우, 'IT가 어떤 대략적인 가이드도 주지 않고 무조건 요구사항을 내어 놓으라고 한다'라고 서로가 책임을 회피하는 경우입니다. 이런 상황을 방지하기 위해서는, 비즈니스는 어떻게 뭘 바꾸어야 하겠다는 연구(Study)가 많이 필요하며 이때, 선배, 동료, 임원분들과 미팅을 가지면서, 도출해 나가야 합니다. IT의 경우도, 많은 경우에 있어, 운영을 하다 보면 그동안 문제점 및 개선점들을 오히려 비즈니스보다 많이 알고 있을 수 있습니다. 따라서, '이렇게 한번 바꿔 보는 게 어때요?', '기본적인 요구 사항은 제가 먼저 간단히 정리할 테니 비즈니스가 보완해 주세요'라고 하면, IT의 위상은 더욱 높아지게 됩니다. 기다리면 되는 일은 하나도 없습니다.

프로젝트는 혼자가 하는 것이 아닙니다. 팀이 유기적인 협력을 통해 진행하는 것입니다. 서로가 서로를 역지사지하는 입장을 한 번만 가져 보도록 하세요. 프로젝트를 보는 시야가 달라질 수 있습니다.

테스트의 중요성

IT 프로젝트의 핵심 단계는 테스트입니다. 물론 개발이 테스트보다 중요한 것은 사실입니다. 하지만 테스트가 잘 마무리되지 않으면 개발 내용을 적용할 수 없기 때문에 개발만큼 중요한 단계라고 말씀드리고 싶습니다.

개발자분들의 경우 자신이 담당한 쪽은 잘 마무리가 되어 있으나, 그 프로그램이 다른 쪽에 어떠한 영향을 미치는지에 대해서는 잘 모르는 경우가 많습니다. 특히 프로그램 간의 상호 연관성을 간과하게 되면, 데이터 비동기와 같은 심각한 문제를 야기하게 됩니다. 따라서, 개발 시부터 누가 테스트 매니저를 할 것인가에 대해 프로젝트 매니저는 고민을 해야 합니다.

테스트 매니저의 역할은 테스트 계획, 테스트 시나리오 작성, 그리고 테스트 실행 결과를 프로젝트매니저에게 보고하는 것입니다. 테스트 매니저가 프로젝트 매니저에게 보고하는 역할을 담당합니다. 이것이 일반적인 조직도 상의 보고 라인이나, 테스트 매니저가 최종 테스트 결과에 만족하지 않으면 프로젝트매니저의 입장에서도 Go-Live를 하기에는 상당히 부담감을 가지게 됩니다.

테스트 매니저, 정말 중요한 존재입니다. 다만, 테스트 매니저가 일반 업무 및 관련 시스템을 잘 모르게 되면 일반적인 테스트 코디네이터(Coordinator) 정도의 업무를 수행하게 되는데, 이것보다는 업무를 잘 아는, 그리고 시스템을 잘 활용한 경험이 있는 비즈니스에서 하는 것도 결과적으로 퀄리티를 높히는 결과로 이어질 수 있습니다.

Go-Live 이후에 발견된 시스템 오류사항(Defect)은 수정하기가 쉽지 않으며, 특히 이미 실데이터가 생성된 이후라면 더욱더 힘들 수 있습니다. 시스템 오픈 전에 발견하여 처리하는 경우보다 수십 배의 비용과 노력이 들 수 있으므로, 시스템 Go-Live 전에 테스트의 품질을 보장해야만 성공적인 오픈을 기대할 수 있습니다.

프로젝트 스폰서와 Post-프로젝트

프로젝트란 무엇이며 핵심 고려 요인에는 무엇이 있는가?

비즈니스의 관련 프로젝트의 경우 정치적으로 민감한 프로젝트가 많이 발생하게 됩니다. 예를 들어, 어떤 프로세스에 대해 KPI(Key Performance Indicator, 핵심성과지표)를 정하게 되는 경우라면, 해당 KPI가 A라는 부서에는 값이 높을수록 좋으나 B라는 부서에서는 낮을수록 좋은 경우도 발생할 수 있습니다. 또한 부서/부문 등에 교차(Cross-Functional)적으로 걸쳐 있는 프로세스의 경우 각 프로세스 별로 R&R(Roles & Responsibilities, 역할과 책임)이 불명확하여, '이건 내가 관리하는 프로세스가 아니다'라고 하는 경우가 많이 발생하게 됩니다.

이때 핵심적인 역할을 수행할 사람이 프로젝트매니저와 프로젝트매니저를 지원하고 있는 비즈니스 스폰서입니다. 왜 우리는 프로젝트 조직도에는 스폰서를 항상 적으면서 왜 지원을 많이 받지 못하는 것일까요? 본인 선에서 해결하려는 한국 문화적인 측면이 많이 있는 것 같습니다.

프로젝트매니저의 입장에서, 혹 팀원의 입장에서 정치적인 문제가 있을 경우 반드시 스폰서와 이야기하여 지원을 요청해야 합니다.

또한 비즈니스 프로젝트는 프로젝트 종료가 되면 그 이후의 추가작업(Follow-up)이 한 두달 지속되다가 흐지부지되는 경우가 많이 있습니다. 프로젝트의 결과를 어떻게 실 업무에 적용할 수 있는가를 위해 조그마한 운용 팀을 만들어 유지/향상 시키는 것도 해당 프로젝트를 빛나게 하는 요인 중의 하나입니다. 실행도 안 하는 프로젝트는 사실 시작하지 않는 게 좋습니다.

VERSION 3.0 UPGRADE PROJECT

처음 접하는 일은
어떻게 접근하는 것이 좋은가?

이 일을 어떻게 시작하지?

처음 접하는 일은 어떻게 접근하는 것이 좋은가?

꼭 회사 일이 아니더라도 우리들은 일상생활에서 처음 접하는 일들을 무수히 경험하고 살고 있습니다. 처음으로 상주가 되어, 장례식을 마무리 지어야 하는 일, 결혼(보통 처음 하죠?), 첫 아이 출산 등 처음에 어떻게 해야 할지, 두려움이 앞서게 되며 많은 시행착오를 거치는 것이 일반적인 일입니다.

일상생활에서 처음 접하는 일을 경험하게 되면, 맨 처음 머리에서 생각나는 것이 무엇일까요? 보통 인터넷에서 관련 자료를 찾아보거나, 유사/동일한 경험이 있는 선배, 지인, 부모님들에게 질문을 하게 되어 먼저 간접적인 지식을 습득하게 됩니다. 그래도 혼자 하기가 쉽지 않으면, 장례식의 경우 장례서비스업체, 결혼의 경우 결혼서비스 업체 등의 전문 서비스를 받게 됩니다. 물론 이때에는 추가적인 비용이 들어가게 됩니다.

보통 일에는 크게 두 가지 유형이 있습니다. 첫 번째는 그동안의 일반적인 지식(보편적 지식)으로 해결할 수 있는 일, 두 번째는 전문적인 지식으로 해결할 수 있는 일이 있습니다. 대부분의 일상생활에서 발생하는 일은 일반적인 지식, 즉 보편적인 지식으로 해결할 수 있는 경우가 많습니다. 그리고, 보편적 지식의 경우 주위에 아는 사람이 많기 때문에 상대적으로 쉽게 조언이나 도움을 얻을 수 있습니다.

하지만 일반적으로 회사에서 어떤 일을 해결하기 위해서는, 전문적 지식을 요구하는 경우가 많습니다. 이러한 일들에도 전문가(예: 회계사 혹은 변호사)가 아니면 해결할 수 없는 일과, 보편적 지식을 바탕으로 일부 전문 지식을 습득하여 처리할 수 있는 일, 두 가지로 다시 나누어 볼 수 있습니다.

보통 회사에서 새로운 일을 담당할 때는 전혀 상관이 없는 일을 하진 않습니다. 예를 들어, IT 부서에 법적인 송사 건을 맡기지 않습니다. 또한 법률팀에 IT 관련 일을 맡기지 않습니다. 따라서, 처음 하는 일이라 하더라도 기존의 업무에서 완전히 벗어나는 일을 하지 않는 것이 일반적인 상황입니다.

여기서 하나 내릴 수 있는 결론은 자기가 혹은 팀이 새로운 임무(Task) 혹은 프로젝트를 할당받았을 때, 자기가 가지고 있는 보편적 지식과 어느 정도의 전문적 지식을 습득하면 많은 부분이 해결될 수 있다는 점입니다.

따라서 본 장에서 다루고자 하는 부분은 자기의 업무 영역 안에서 새로운 일, 예를 들어 주로 IT 운영만 담당해 왔는데, 전사 시스템 아키텍처 설계를 해야 한다든지, 한국에서 신상품 출시만 담당해 왔는데, 이제는, 다른 제품으로 미국 시장에 출시를 해야 한다든지 하는, 혹은, 공급망관리(Supply Chain Management, SCM)에서 한국 물류운영만 담당해 왔는데, 이젠 아시아 지역의 Supply Chain 효율성을 증가시키기 위한 프로젝트 매니저가 되었다든지 하는 경우에 초점을 맞추도록 하겠습니다.

IT에서 일하고 있는데, 재무관리, 마케팅을 맡게 된다면 이는 전직과 같은 개념으로 보는 것이 타당할 것 같습니다. 물론 5-10명 이내의 조직에서는 충분히 가능한 일입니다. 아주 작은 중소기업의 경우, 사장님이, 영업, 경리, 운전, 1인 5역 이상을 담당합니다.

하지만 20명 이상의 기업에서는 조직의 효율상 그렇게 하기가 쉽지 않습니다. 사실 조직이 커질수록 자신이 맡고 있는 영역은 해당 업무의 전문성으로 인해 좁아질 수밖에 없습니다.

새로운 프로젝트 혹은 업무의 시작

처음 접하는 일은 어떻게 접근하는 것이 좋은가?

보통 새로운 큰 프로젝트 경우(예를 들어 신사업 추진 프로젝트) 내부적으로 먼저 자체적으로 할 수 있는 일인지 냉정히 평가를 해야 합니다. 만약 내부적으로 해당 신사업에 대해 전혀 경험이 없는 경우라면, 무엇을 할 수 있을까요? 먼저 전문가를 영입할 수 있습니다.

혹은 신사업 전반에 대한 기획을 위해 컨설팅 회사에 의뢰하기도 합니다. 다만, 컨설팅 회사의 경우 3-4개월 동안 기획안을 제시해 주는데, 보통 하이레벨(High Level) 차원의 기획안이 도출됩니다. 꼭 컨설팅 회사를 써야 한다면, 컨설팅 회사들이 보유하고 있는 국내외 유사사례를 집중적으로 요청해야 합니다.

해당 유사 사례를 보게 되면 일명 '감'을 잡을 수 있는 경우가 많습니다. 사실 글로벌 컨설팅 회사들이 1990년대 에서 2000년 초반 고도성장을 할 수 있었던 요인 중의 하나는, 이러한 경험사례 데이터베이스였습니다. 다만 이제는 지식 관련 보고서를 파는 회사들도 굉장히 많아졌으며, 심지어 구글 웹페이지에서도 운이 좋으면 아주 가치 있는 자료를 찾을 수도 있습니다.

외부 전문가/인력을 활용할 때의 유의해야 할 점은 컨설팅 회사 직원들은 3-4개월 뒤에는 반드시 돌아간다는 것이며, 모든 상세한 작업들은 직접 추진해야 한다는 것입니다. 따라서 컨설팅 회사의 경우 유사 사례 프로젝트 경험이 아주 중요하며, 투입되는 컨설턴트 역시 해당 업무에 직/간접적인 실무 지식이 있어야 단기간 안에 소정의 성과를 이끌어 낼 수 있습니다.

컨설팅 회사가 같이 조인되어 진행하는 프로젝트도 있지만 실제로 내부적으로 진행하는 중/소 규모의 프로젝트가 훨씬 많이 있습니다. 특히 유명 컨설팅 회사의 컨설턴트의 경우 한 달 용역비가 인원당 3,000~4,000만 원(추정치)을 넘어가고 있기 때문에 회사에서도 외부 컨설턴트를 마냥 활용할 수가 없습니다. 그렇다면, 새로운 업무에 대해 어떻게 시작해야 할까요?

결론부터 이야기하면, 자기가 몸담고 있는 조직 사정을 가장 잘 알고 있는 1) 본인의 보편적 지식 활용과, 2) 컨설턴트들이 처음 하는 일을 기획하는 능력의 습득 그리고 3) 추가적인 관련 지식의 습득 세 가지로 요약할 수 있습니다.

보편적 지식이란, 자기가 지금까지 조직에서 몸담고 있으면서 직/간접적으로 습득한 지식입니다. 여기에는 해당 팀이 맡고 있는 프로세스, 일반적 프로젝트 관리, 조직 내부의 인맥 등이 모두 포함될 수 있습니다.

새로운 일을 처음 하게 될 때 이러한 보편적 지식을 절대 과소평가해서는 안 됩니다. 신규 업무 처리를 할 때 이러한 지식이 최소 60%-70%의 공헌을 할 수 있습니다.

한 가지 예를 들어보도록 하겠습니다. 보통 컨설턴트들이 컨설팅을 하게 되면 기업 현업들에게 많은 인터뷰를 수행하게 되는데, 이는 조직 내부의 사정과 업무 내용을 몰라서 그렇습니다. 여러분들은 이미 알고 있으니, 최소한 컨설턴트보다 60-70% 우위(Advantage)를 가지고 있는 셈입니다. 다만 컨설턴트들은 새로운 일을 기획하는 방법을 잘 알고, 그러한 것을 논리적으로 문서화하는 기술을 가졌다는 것이 다른 점입니다.

컨설턴트들의 업무 처리 방법

컨설팅 회사들은 해당 프로젝트를 수주하게 되면, 유사 경험이 있는 인력들을 투입하는 경우가 많겠지만 완전히 새로운 영역/사업이라고 하면 한국에서 그러한 인력을 찾기는 쉽지 않을 것입니다. 몇 년 전에 다른 나라에서 비슷한 프로젝트를 한번 수행해 보았다가 전부인 경우도 많습니다.

특히 중/소형 컨설팅 회사들의 경우 이러한 경험조차 없다면, '맨땅에 헤딩하기'로 시작합니다. 하지만 3-4개월 뒤에는 그래도 뭔가 가시적인 성과물이 도출됩니다. 예를 들어, 남아프리카 공화국에 PC 사업 전략을 수립하는 프로젝트인데, 프로젝트 중반기가 되면, 남아공의 PC 트렌드 동향, 보급률, 메이커별 시장점유율, 틈새시장, 공략 대상(Target) 등 어느 정도 가시적인 전략이 눈에 보이기 시작합니다.

다른 예로, 비행기의 원료를 절감하는 프로젝트라면, 비행기 경로,

비행기에 실리는 각종 장비의 무게 등을 분석하여, 최적안을 도출하게 됩니다. 예를 들어 "이러한 방법으로 하게 되면 연간 4%의 비행기 연료를 절감할 수 있다" 이런 식입니다. 또 IT 같은 경우에는 100개가 넘는 시스템을 10개 이내로 통합하는 기획안 등이 예가 될 수 있습니다. 이러한 일을 어떻게 기획하고 논리적으로 풀어 갈까요?

첫째, 지피지기면 백전백승이라는 말이 있습니다. 먼저, 새로운 일이 무엇인지 명확히 이해해야 합니다. 처음에 감이 잡힐 때도 있지만, 새로운 일이 무엇인지도 모르는 경우도 많이 있습니다. 이때는 상급 관리자의 경우 임원들과의 1:1 미팅을 통해 정확한 의중/목표를 파악해야 합니다.

중간 관리자의 경우 상급 관리자와 미팅을 통해 하고자 하는 것이 무엇인지 명확히 이해해야 합니다. 많은 논의 끝에 이제 무엇을 해야 하는지 알았습니다. 이를 컨설팅에서는 범위정의(Scope Definition) 혹은 목표정의(Objective Definition) 등 다양한 이름으로 부릅니다.

둘째는, 해당 일을 처리하기 위해 현 상황을 명확히 이해해야 합니다. 이를 보통 As-Is 분석이라고 합니다. 위에서 갈 길은 명확히 파악을 했습니다. 물론 목적지는 알지 몰라도 그 목적지를 어떻게 가야 하는지는 알지 못합니다. What을 알지만, How를 모르는 상황입니다.

이제 갈 곳을 알고, 자신이 어디에 있는지 알고 있다면, 여러 가지 길이 있을 수 있습니다. A라는 길로 갈 수도 있고, B라는 길로도 갈 수 있습니다. 여러 가지 분석 끝에 A라는 길로 가기로 했습니다. 다만 A라는 길은 B라는 길에 비해 단점도 존재합니다. 중간에 높은 산맥이 가로막고 있는 경우지만 빨리 갈 수 있어, A라는 길을 선택하게 된 것입니다. 여기서 높은 산맥을 As-Is(현재)와 To-Be(목적지)의 Gap이라고 하겠습니다. 이러한 Gap들을 하나씩 극복할 수 있다면 결국 목적지에 다다를 수 있는 것입니다.

예를 들어, 미국에 신상품 출시 계획을 준비 하고 있습니다. 현 상황은 미국 지사도 없으며, 미국에서 필요한 운영 프로세스도 없으며, 미국 소비자 성향, 법적인 규제 등 아무것도 아는 게 없습니다. 다만, 미국에서 신상품 출시라는 명확한 목표를 가지고 있으며, 현재 처한 상황도 명확히 알고 있습니다. 앞서 이야기한 상황들은 모든 Gap들이 되며 이러한 Gap들을 시행착오를 거치면서 극복해 나가는 것이 결국 일을 추진한다는 의미가 됩니다.

이때, 이슈/리스크 등은 본인이 가지고 있는 보편적 지식으로 상당 부분 해결할 수 있습니다. 예를 들어, 위의 예에서, 미국지사가 꼭 필요하다고 생각되면, 법무팀의 도움을 받아 지사 설립에 대한 일을 진행해야 하며, 미국 소비자 성향에 대한 자료가 없으면, 시장 조사(Market Research) 자료를 구입할 수도 있습니다.

이러한 모든 GAP 해결은 정확한 일정 및 담당자가 있어야 하며 프로젝트 매니저의 경우 이를 총괄 지휘해야 합니다. 보통 프로젝트 중간에 큰 리스크를 파악하지 못해 좌초되는 경우도 있는데, 이때 보편적 지식으로 해결되지 않으면 혁신적인 아이디어로 해결할 수 있는 방법도 찾아야 합니다. 예전에 고 정주영 회장이 방조제 공사 때 마지막 물막이 공사에 폐유조선을 이용한 경우도 있습니다.

그러나 문제 그 자체에만 너무 집중하여 리스크 처리 우선순위가 뒤바뀌는 경우가 있습니다. 영어에서는 Redherring(훈제청어라고 함)이라는 용어로 불리는데, 리스크가 발생할 가능성 및 그 결과에 관심을 둔다기보다는 너도나도 큰 리스크다라고 인식하고 많은 팀원들이 본 리스크를 해결하기 위해 매달리는 경우입니다.

사실 이러한 레드허링은 프로젝트 팀 전체의 효율성을 낮추는 대표적인 예입니다. 원래 의미는 영국에서 훈제 청어는 그 냄새가 너무 독해 도망자들이 추격자의 개의 후각을 마비시키기 위해 가지고 다녔다는 데서 유래한다고 합니다. 프로젝트 진행이 더 중요한데 일어날 확률도 많지 않은 리스크에 너무 많은 에너지를 낭비하는 경우입니다. 레드허링에 현혹되지 말고 프로젝트 진행에 포커스를 맞추어야 할 것입니다.

근본원인 분석

근본원인 분석 또한 컨설턴트들이 많이 활용하는 방법입니다. 프로젝트 중간에 큰 장벽을 만나게 되었습니다. 해당 문제를 해결해야만 앞으로 나아갈 수 있는데, 그 문제에 대한 해법이 보이지 않습니다. 보통 문제 자체가 난해하고 복잡한 경우가 많습니다.

이런 장벽을 극복하는 방법은 해당 문제를 발생시키는 근본원인을 찾아내는 것입니다. 해당 근본원인을 해결하게 되면 수많은 이슈들이 없어질 수 있습니다.

좀 과장된 예를 한 가지 들어보도록 하겠습니다. A 씨는 대학의 건물 시설물을 관리하고 있는 담당자입니다. 현재 고민하고 있는 내용은, 비둘기 배설물로 인해 대학건물 외관이 굉장히 더럽고, 산화되어 이로 인한 청소 및 수리 비용이 매년 수억 원씩 들어가고 있는 상황입니다.

대학 총장님은 비용을 최소화할 수 있는 방법을 지시하셨습니다. A

씨는 고민에 빠지게 됩니다. 보통의 경우는, 비둘기가 살 수 없게, 그물을 칠까? (그렇다면 외관이 엉망이 되겠죠) 비둘기에게 먹이를 주지 말라고 학생들에게 홍보할까? (과연 실현이 가능할까요?) 아님 비둘기를 사살할까? (아마 동물 애호론자들이 난리가 날 겁니다.)

보통 이러한 접근 방법은 결과만 보고 해결하고자 하는 방법입니다. 그럼 이제 근본원인을 이용한 단계적 접근 방법을 살펴보도록 하겠습니다.

비둘기가 모이는 것이 문제야. 그럼 왜 비둘기가 대학 건물에 많지? 하는 의문에서 시작해 볼 수 있습니다. 리스트를 만들어 볼 수 있습니다. 아늑하다, 먹이가 많다 등등이 있을 수 있습니다.

이 중에서 먹이가 많다를 생각해 보죠. 왜 먹이가 많지? 다시 원인을 파악해 보니, 비둘기의 먹이인 거미가 많다는 결론을 얻을 수 있었습니다. 그럼 다시, 왜 거미가 많지? 거미가 많은 이유는 벌레/곤충 같은 거미의 먹잇감이 많아서 그렇다고 파악할 수 있었습니다.

그럼, 곤충은 왜 대학 건물에 많지? 라는 의문을 가지게 되고, 토의를 거쳐 내린 결론은 대학 건물의 조명 시설을 저녁 5시경에(다른 빌딩들은 보통 6시 이후) 켜서 빛을 좋아하는 벌레/곤충들이 다른 빌딩들이 조명을 켜기 시작하는 6시까지 1시간 동안 집중적으로 대학 건물로 온다는 사실을 알 수 있었습니다.

5시에 대학 건물에 온 벌레/곤충들은 더 이상 다른 건물로 가지 않아 다른 빌딩보다 훨씬 많은 개체들이 대학 건물에 서식하였던 것입니다.

그럼 본 문제 해결을 위한 결론은 무엇이었을까요? 황당할 수 있는 결론이지만, '대학 건물 조명을 6시 이후에 켜자'였습니다. 그랬더니 거짓말처럼 벌레/곤충의 수가 줄어들고(6시에 다른 건물과 같이 조명을 켜니 굳이 대학 건물에 많이 모여들 이유가 없으며 곤충들의 개체수가 분산되는 효과) 거미가 줄어들고, 비둘기가 줄어들고, 결과적으로, 건물 외관 수리 비용을 획기적으로 줄일 수 있었다고 합니다.

물론 믿거나 말거나이지만, 어떤 문제에 대해 어떻게 근본 원인을 찾아 이를 해결하기 위한 재미있는 예라고 보시면 될 것 같습니다. 보통 근본 원인 분석은 2.1과 같이 트리 구조를 통해 파악하게 됩니다.

2.1은 상품 분석 기반이 취약한데, 이의 원인을 살펴보니, 상품분류체계 미흡, 동일상품의 중복등록과 같은 원인을 찾을 수 있었습니다. 다시 이의 근본 원인을 살펴보니, 위와 같이 여러 가지 근본원인들을 도출할 수 있었습니다. 이러한 근본원인들을 다시 유형별로 그룹화하게 되면, 상품분석기반을 다질 수 있는 실행 계획을 수립할 수가 있습니다. 위의 예에서는 상품분류체계 중심의 상품코드등록 및 관련 프로세스 정립이 핵심 실행내용이 되겠습니다.

그림 2.1 현 대표적인 이슈를 바탕으로 한 상세 근본 원인 파악 예

새로운 지식의 습득

처음 접하는 일은 어떻게 접근하는 것이 좋은가?

새로운 일을 처리하기 위해서는, 기본적으로 그 일에 맞는 지식을 습득할 수 있어야 합니다. 실례로 컨설턴트들의 경우도, 해당 자료가 부족하게 되면 관련 서적을 구매하여 습득하게 됩니다. 찾기는 쉽지는 않지만, 위의 예에서 '신제품 미국 출시'라는 유사한 책이 있으면 대박입니다. 다양한 채널을 통해 지식을 수집하고 공부해야 합니다. 의외로 인터넷이나, 국/내외 서적에서 관련 자료를 많이 접할 수 있습니다.

명심하세요. '자신에게 새로운 일은 다른 누군가는 분명히 예전에 했다'는 사실을. 회사 내에서 유사 경험이 있는 분을 찾을 수도 있으며, 인맥을 최대한 동원하여, 도움을 줄 수 있는 분을 찾을 수 있습니다.

저의 경우도 예전에 어떤 새로운 프로젝트를 맡았는데, 전문 지식이 없다 보니, 힘들게 아는 분을 찾아 도움을 청한 일이 있습니다. 물론 처음 보는 분이었으며, 2-3시간의 질문/답변을 하고 나니, 대략적인 그림이 그려지더군요. 물론 그분에게 근사한 저녁을 대접했습니다.

본인의 입장에서는 새로운 일일지 모르겠으나, 유사한 일이 매일 수십 년간에 걸쳐 진행되어 왔을 수 있습니다. 사실 컨설팅 회사들이 존재할 수 있는 큰 이유 중의 하나가 그들이 수십 년간 축적해온 프로젝트 자료, 경험에 있습니다. 따라서 내/외부적인 인맥을 동원하여 도움을 받을 수 있는 사람을 찾고 관련 서적, 인터넷을 통해 많은 공부를 하는 것이 중요합니다.

자신이 가지고 있는 보편적 지식을 절대 간과하지 마세요. 근본원인 분석 방법, GAP 분석방법, To-Be 프로세스 정리방법, AS-IS 현황 분석 방법, 전략 방향 도출, 논리적 사고(Logical Thinking) 등 보편적으로 사용되는 컨설팅 방법론을 공부하고 적용하는 것도 큰 도움이 될 수 있습니다. 해당 관련 서적은 굉장히 많이 있습니다.

마지막으로 언급하자면, 일을 하고자, 본인이 해결하고자 하는 의지입니다. 앞의 모든 경우는 본인의 의지가 밑바탕이 되어야 합니다. 이는 8장 "나의 개인적인 모티베이션은 어떻게 올릴 수 있을까?"에서 자세히 다루도록 하겠습니다.

VERSION 3.0 UPGRADE PROJECT

PART 3

프로젝트 기획 및 관련 문서는
어떻게 작성하는 것이 좋은가?

문서의 종류는 너무나 다양합니다. 보고용 문서, 일반 미팅 문서, 작업 문서(Working Documents), 정보 공유 차원의 문서, 프로젝트에 특화된 문서, 기획안 문서, 템플릿 등 아마 대략적으로 구분하더라도 몇백 개는 되지 않을까요? 본 장에서는 이런 여러 가지 문서들 중 프로젝트 기획안에 초점을 맞추고자 합니다.

여러분들은 새로운 프로젝트의 매니저가 되었으며, 어떻게 프로젝트를 진행할 것인지에 대해 상세 기획안을 만들어 내야 합니다. 본 장에서는 프로젝트 기획안에 반드시 포함되어야 하는 주요 항목들을 중심으로 설명하고자 합니다. 또한 추후 임원진들 대상으로 한 보고회도 예정되어 있는 상황입니다.

먼저 문서를 만들 때는 무엇을 어떻게 만들 것인지에 대해 구상을 해야 합니다. '참고한 만한 자료가 있는가?', '페이지는 몇 장으로 하는 것이 좋은가?', '내용(Contents)은 어떻게 만들며, 충분한 자료가 있는가?'를 지속적으로 반문해 보아야 합니다.

하나의 효율적인 방법은 하나의 모델 문서(누군가 잘 만든 문서)를 찾고, 그 문서를 바탕으로 자신의 목적에 맞게 수정해 나가는 방법입니다. 그러한 연습을 많이 하다 보면 나중에는 특별한 구상 없이 일단 손부터 나가게 되는 전문가의 경지에 이르게 됩니다.

문서는 여러분의 생각을 논리적으로 설명하기 위한 보조 수단입니다. 따라서, 논리가 명확해야 하며, 자신이 주장하는 바가 무엇인지, 그리고 어떠한 결론을 제시할 것인지에 대해 명확히 문서에 포함시켜야 합니다. 예를 들어 여러분들에게 '프로젝트'가 주어졌습니다. 프로젝트

PM으로서 여러분들은 프로젝트 진행 방법에 대해 생각해야 하고, 팀을 어떻게 구성하고, 리스크에는 무엇이 있는지를 파악하여 종합적인 프로젝트 계획안을 만들어야 합니다.

프로젝트 주제는 '기간계 시스템 변경에 따른 마스터 코드 변경'이라는 좀 구체적인 예를 들어 설명하고자 합니다. 이런 종류의 프로젝트는 제목만으로는 간단해 보이지만, 사실 복잡하고 규모가 생각보다 훨씬 클 수 있습니다.

많은 기업들이 ERP(전사적 자원관리)를 기간계 시스템으로 쓰고 있으며, 이러한 ERP 시스템에 연결되어 있는 다른 레거시(기존) 시스템들도 적게는 수 개에서 많게는 수백 개까지 될 수 있습니다. 단순해 보이는 마스터 코드 변경이지만, 모든 레거시 시스템들이 영향을 받는다는 점에서 리스크가 아주 클 수 있는 유형입니다. 여러분은 이런 프로젝트의 PM으로 선정되었으며 프로젝트 기획안을 상급자 혹은 임원에게 보고해야 하는 상황입니다.

프로젝트 배경 및 목적

우리는 본 내용에 대해 보편적 지식(2장에서 설명)만 가지고 있는 상황이며, 어느 누구도 전문적 지식은 가지고 있지 않은 상황입니다. 자 그럼 어떻게 내용을 풀어나갈 수 있을까요?

문서를 만들 때 가장 중요한 부분은 '본 문서가 무엇을 하기 위한 것이다'라는 정확한 목적과 배경을 먼저 설명하는 것입니다. 물론 보고받는 사람이 본 내용을 알고 있다고 하더라도, 문서는 처음 보는 사람도 이해할 수 있도록 명확한 설명이 필요합니다. 그렇지 않으면 나중에 본론을 만들어 나갈 때 이것저것 가지가 붙어, 하나의 길(Path)을 잃어버리게 됩니다.

예를 들어 위 예의 경우 본 프로젝트의 배경은 다음과 같이 될 수 있습니다.

1. 현재 기간계 시스템의 경우 제품 마스터, 협력업체, 조직, 분류 체계 등 4가지의 주요 마스터 체계를 가지고 있으나, 신규로 도입할 ERP 시스템의 경우 마스터 유형은 유사하나 마스터의 구조가 서로 상이하여 데이터 이행(Data Migration)을 할 수 없는 상황

2. 특히 협력업체 마스터의 경우 기간계 시스템은 문자를 포함하는 경우이나 ERP 시스템의 경우 넘버 타입만 허용되는 상황

3. 조직/분류 체계의 경우 현 시스템은 총 네 단계이나 ERP의 경우 총 6단계로 이루어져 있음

4. 따라서, ERP 시스템 구축을 위해서는 현 마스터의 정비 및 코드 체계 변경이 필요한 상황

프로젝트 목적은 '원활한 ERP 구축을 위해 현 마스터 코드를 정비하고, 정해진 시간 안에 레거시 시스템까지 전부 새로운 마스터 체계로 전환하는 것'이 될 수 있을 겁니다.

또한 필요시 해당 프로젝트를 통해 얻을 수 이점에 대해서도 명확히 명시하는 것도 좋습니다. 즉, As-Is 대비 달라지는 점에 대해서도 명확히 해야만 해당 프로젝트의 정당성이 구체화될 수 있습니다.

다음은 해당 프로젝트를 어떻게 진행해 나갈 것인지에 대한 접근방법이 필요합니다. 이러한 접근방법(Approach)은 하나의 아이디어로 볼 수 있으며, 유관 부서 혹은 관련자분들과 미팅을 통해 만들어 나가는 것이 바람직합니다.

예를 들어, 먼저, 현 기간계 시스템의 마스터 구조를 변경하고(이때 어떤 마스터를 변경할 것인지 명확히 범위(Scope) 정의가 되어야 합니다), 해당 마스터를 사용하는 다른 레거시(기존) 시스템들을 단계적으로 변경하며 그리고 마지막으로 리포트와 관련된 이력(Historical) 데이터의 자료를 변경한다라는 크게 세 가지 단계를 생각해 볼 수 있습니다.

이것은 하나의 큰 밑그림이며, 그다음에 본 접근방법을 지원하는 상세 문서가 보충되는 것이 바람직합니다. 아래 3.1은 상세 정보가 생략되어 있는 대략적인 가이드 라인이며, 어떠한 레거시 시스템들이 영향을 받는지 어떠한 순서로 마스터 변경을 할 것인지에 대한 하이레벨 접근방법(High Level Approach)이라고 할 수 있습니다.

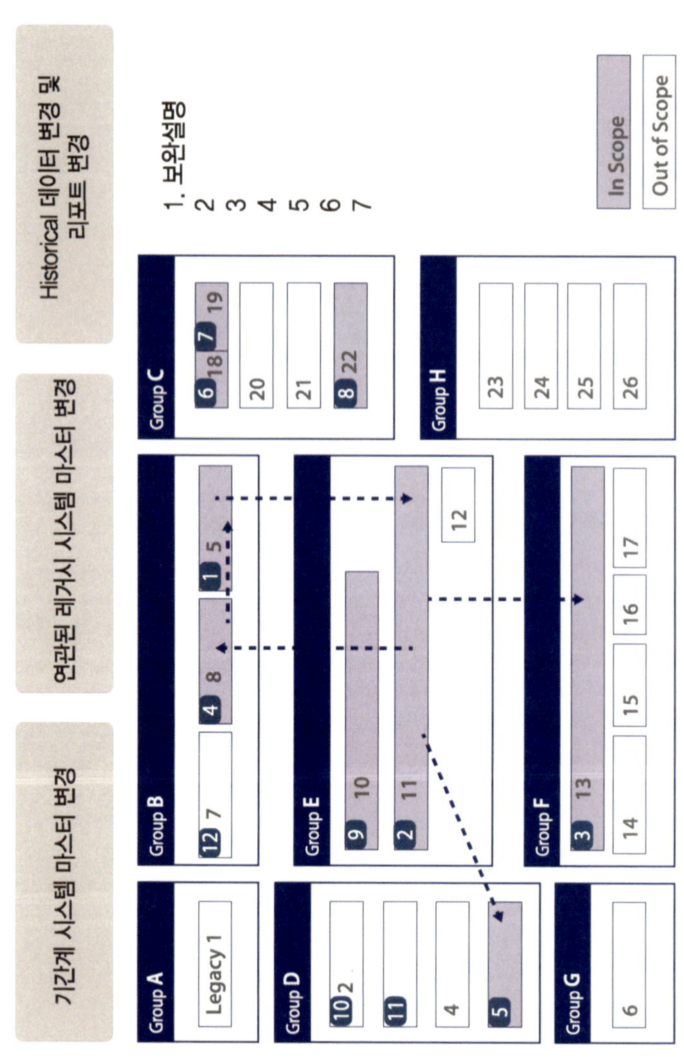

그림 3.1 프로젝트 하이레벨 접근방법(High Level Approach)의 예

비즈니스 프로젝트를 예를 들어보도록 하겠습니다. 프로세스를 획기적으로 개선하는 프로젝트가 있다고 가정합시다. 그럼 기본적인 어프로치는 다음과 같이 할 수 있습니다.

1. 현재 모든 프로세스를 목록화(List-up)한다.
2. 관련 혹은 연관된(Cross-Functional)팀이 워크숍을 통해 각 프로세스별로 개선점을 파악한다.
3. 개선점을 반영한 To-Be 프로세스를 확정한다.
4. 신규 프로세스를 적용하고 효율성을 측정한다.

여기까지 프로젝트를 어떻게 진행할 것인가에 대한 기본적인 접근 방법이 확정되었습니다. 다음 순서는 이를 좀 더 구체화해서 문서화해야 합니다. 예를 들어, 변경될 시스템의 수가 총 15개, 총 변경할 코드 수가 60,000개, 관련 인터페이스 프로그램이 50개. 계획 단계에서는 100% 정확할 필요는 없지만, 어느 정도 분석을 한 다음 근사한 추정치라도 제시하는 것이 바람직합니다. 나중에 실제로 프로젝트를 진행했을 때와 큰 차이가 난다면, 프로젝트 진행에 부정적인 영향을 상당히 주게 됩니다.

본 내용이 도출되어야만 투입인력 계획을 확정할 수 있는 공수(일반적으로 Man/Month, Man/Day로 불리며 한달 혹은 하루에 총 몇 명이 투입되는지)를 산출할 수 있습니다.

프로젝트 상세 접근 방법

프로젝트 기획 및 관련 문서는 어떻게 작성하는 것이 좋은가?

프로젝트 관리자라면, 접근방법(Approach) 문서를 작성할 때 머릿속으로 좀 더 구체화된 실행 계획을 구상해야 합니다. 수많은 마스터를 하루 만에 변경할 수 있는가? 그렇지 않다면 며칠을 두고 변경하여 갈 것인가? 순차적으로 한다면 어떤 방법이 타당할 것인가? 아래 간단한 예를 들어보도록 하겠습니다.

많은 마스터 중에 협력업체 마스터 코드를 먼저 변경하기로 결정하였습니다. 많은 논의 끝에 하루에 15,000개의 협력업체 코드를 기간계 시스템 및 관련 레거시 시스템으로 변경하는 것은 불가능하다는 결론을 얻을 수 있었습니다. 결국, 명절 기간이나, 근무 일수가 상대적으로 적은 주를 선택하여 총 5일 동안 순차적으로 변경하기로 하였습니다.

아래의 예는 유통업체에서 사용하는 상품의 가장 큰 분류인데, 보통 이 분류 별로 담당자가 서로 다르고, 서로 겹치는 협력업체 숫자가 적어 아래 분류대로 1일 차에는 식품 관련 협력업체 코드 변경, 2일 차에는 냉동식품 등 순차적으로 변경하기 위한 방법입니다. 다만, 특정 협력업체의 경우 두 개 이상의 분류에 동시에 관계되는 경우가 많은데, 1일 차 식품에 관련된 협력사 코드를 변경함과 동시에, 냉동식품에 같은 협력사 코드가 있으면 같이 변경한다는 개념입니다.

그렇게 되면 2일 차 냉동식품을 할 때는 최소한 식품분류와 공통되는 코드는 없기 때문에(1일 차에 미리 끝냈기 때문에) 시간이 지날수록 할 범위가 작아져서 맨 마지막 날에는 순수 의류 상품만 하면 되는 것입니다.

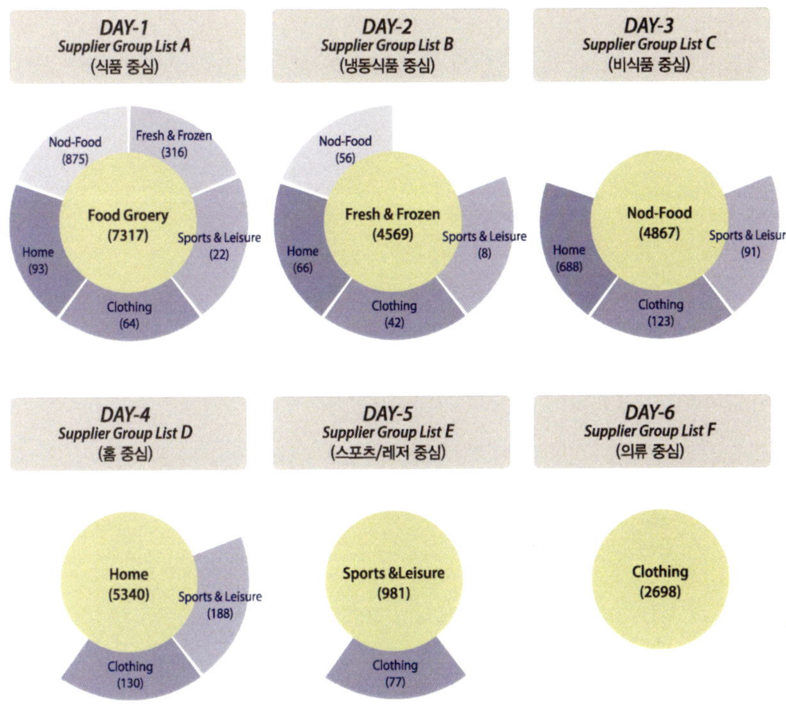

그림 3.2 점진적인 코드 변경 접근방법의 예

　보통 이런 상세한 계획을 발표할 때에는 왜 그런 계획이 타당한 것인지에 대해 논리적으로 설명할 수 있어야 하고, 왜 여러 가지 옵션들 중 해당 옵션을 선택할 수밖에 없었는지에 대한 논리적인 설명이 가능할 수 있어야 합니다. 그렇지 않다면 발표를 듣는 청중들로부터 많은 질문 및 반론 공격(Challenge)을 받을 수 있으며, 심한 경우 계획안의 신빙성에 의심을 받을 수 있으니, 논리적인 설명을 꼭 생각할 수 있어야 합니다.

　물론 실제 문서 작성에서는 이보다 깊이가 있을 수 있습니다. 다만 본 장은 필수 항목에 대해서만 다루기로 하였으므로, 더 이상 상세한 문서 내용은 다루지 않도록 하겠습니다.

프로젝트 일정

이제 청중 혹은 본 문서를 보고받는 입장에서는, 언제 시작해서 언제까지 마무리 지을 것인가에 대해 궁금해할 것입니다. 보통 IT 프로젝트의 경우 순수 IT가 해야 할 일, 순수 비즈니스가 해야 할 일 그리고 같이 해야 할 일 등으로 나누어 볼 수 있는데, 이러한 그룹별로 프로젝트 계획을 고려하는 것이 바람직합니다. 물론 상세 계획의 경우 엑셀 기준으로 몇천 줄 내려가는 경우도 있습니다.

그림 3.3 프로젝트 계획 예시

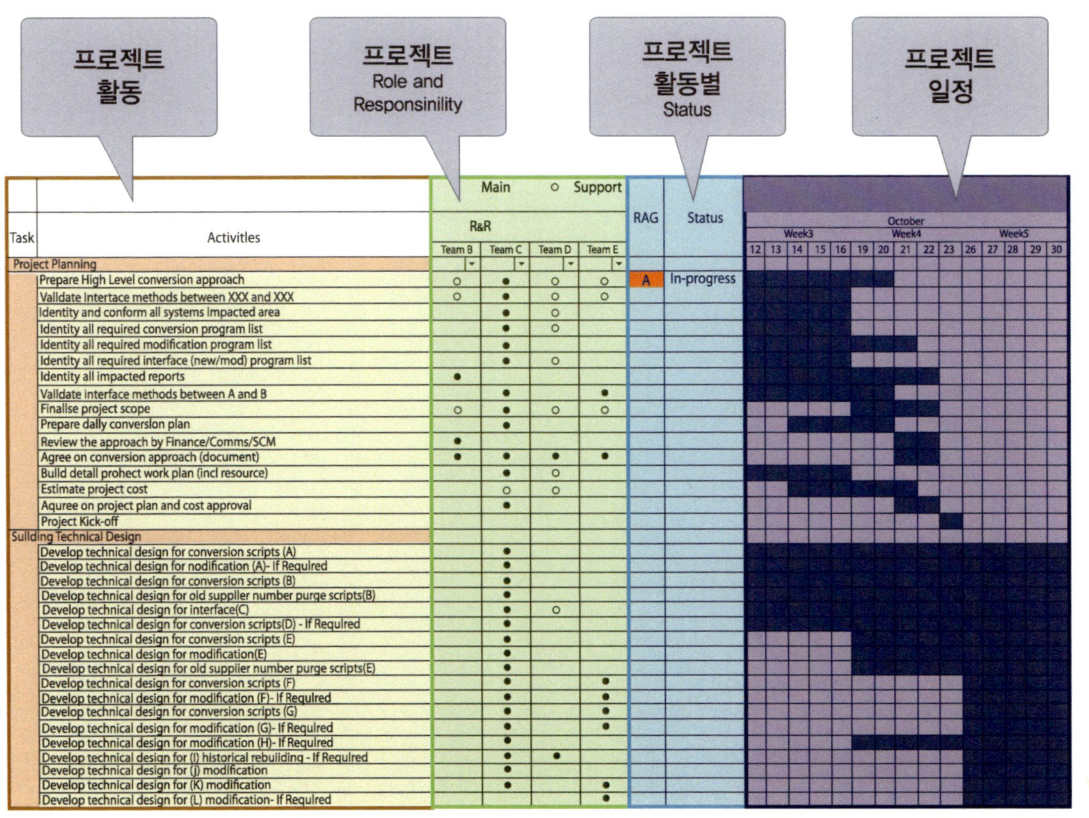

그림 3.4 프로젝트 상세 스케줄 예시

특히 프로젝트 상세 플랜의 경우 정확한 프로젝트 활동들이 기술되어야 하며, 어떤 팀이 담당할 것인지(Responsibility) 명확히 정해져야 합니다. 또한 각 활동들의 상태(Status)를 Green(양호), Amber(보통), Red(미흡) RAG라고 표현된 컬럼에 정기적으로 업데이트하여 어떤 팀이, 어떤 활동 등이 현재 진행이 미흡한지 한 눈에 볼 수 있어야 합니다.

또한 해당 프로젝트 활동들이 동시에 추진할 수 있는 일인지, 아니면, 활동들 간에 의존성이 있는지 확인하여 상세 계획을 잡아야 합니다. 그렇지 않으면 특정 팀에 과도한 업무 부담이 걸릴 수 있으며, 진행이 원활하지 않을 수 있습니다.

프로젝트 조직 구성

프로젝트 기획 및 관련 문서는 어떻게 작성하는 것이 좋은가?

프로젝트 플랜이 작성되었으면, 이제 누가 몇%만큼 해당 프로젝트에 참여할 것인가를 구상해야 합니다. 내부 인력이 부족할 시는 외부 인력(컨설턴트, 개발자)을 고려할 수 있습니다.

가장 중요한 것은 해당 프로젝트의 스폰서가 누구냐입니다. 프로젝트 범위가 크다면 최소한 임원/준 임원 레벨에서 프로젝트 스폰서가 되는 것이 좋습니다. 이는 해당 프로젝트의 오너가 누구인지를 명확히 함과 동시에 인력적/비용적 측면에서 지원을 받기 위함입니다. 해당 스폰서는 보통 자연스럽게 선정되는 경우도 많으나, 스폰서 없이 시작하는 프로젝트는 중간에 지원을 받지 못하여 흐지부지되는 경우도 상대적으로 많이 발생합니다.

아래의 예는 프로젝트 관리자가 구체적으로 프로젝트 조직도를 그린 경우이며, 보통 문서 발표 전에 충분히 사전 공유가 되는 것이 바람직합니다.

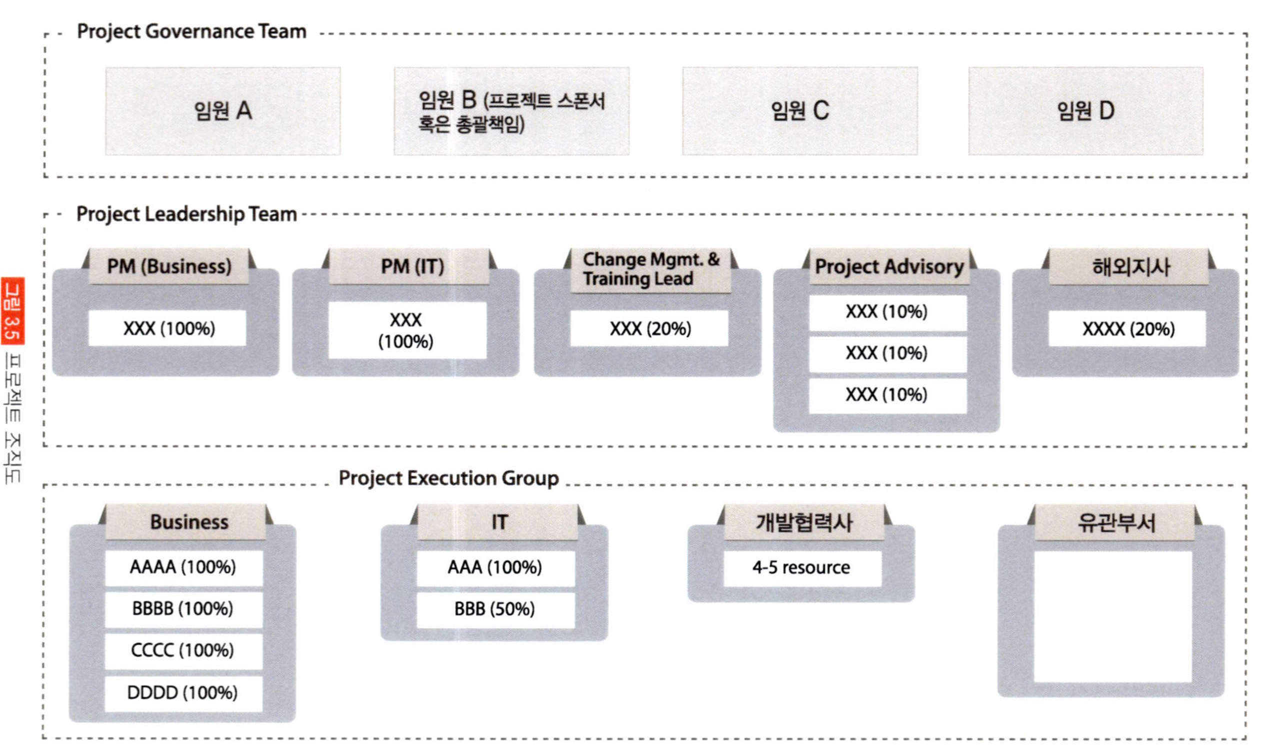

그림 3.5 프로젝트 조직도

프로젝트를 진행하다 보면 비용 못지 않게 중요한 부분이 인적자원의 투입입니다. 핵심인력의 경우 100% 프로젝트에 투입 되는 것이 바람직 하며, 다른 업무를 병행 하고 있는 경우라면 상황에 따라 10~50%정도 파트타임으로도 참여 할 수도 있습니다.

파트타임 팀원의 경우 기존 업무와 병행하여 프로젝트 팀을 지원하는 것이 쉽지 않기 때문에 프로젝트 관리자의 입장에서는 해당 임원과 충분히 상의하여 유관 부서들의 인적 자원 지원에 많은 시간과 노력을 기울여야 합니다.

다만 조심스럽게 접근해야 하는 경우는 외부 인력을 프로젝트 관리자로 선정할 경우입니다. 이때는 반드시 외부 프로젝트 관리자와 반드시 카운터 파트를 이루는 담당자가 있어야 전체 프로젝트의 균형을 맞출 수 있습니다. 외부 프로젝트 관리자의 경우 다소 리스크나 이슈에 대해 과소평가하는 경우도 있기 때문에 반드시 카운터 파트너가 이를 적절히 조율해야 합니다.

프로젝트 비용 산출

프로젝트 기획 및 관련 문서는 어떻게 작성하는 것이 좋은가?

이제 필요한 인력, 외부협력업체 등 필요한 인적 투입 계획이 어느 정도 확정이 되었습니다. 그럼 이제, 구체적으로 얼마의 비용이 필요한지에 대해 산출해야 합니다. IT 프로젝트의 경우 컨설턴트, 개발자, 하드웨어 구입 등이 가장 큰 항목을 차지하며, 비즈니스 프로젝트의 경우 인력 비용이 가장 큰 항목을 차지하게 됩니다. 회사에 따라서는 내부 인력의 인건비를 프로젝트 비용에 포함시켜 프로젝트 ROI(추후 설명)를 산출하는 데 이용하기도 합니다.

외부 인력의 경우 보통 2-3군데의 업체에 RFP(Request for Proposal)를 보내게 되는데, 이는 '우리가 이런 프로젝트를 진행하려고 하는데, 귀사가 어떠한 방법으로 언제까지 그리고 얼마의 비용으로 가능한지'에 대한 요청을 공식적으로 보내는 문서입니다.

RFP가 발송되게 되면 보통 협력업체를 대상으로 설명회를 가지고 되고, 제안사의 제안일정을 확정하게 됩니다. 협력업체 선정을 공정히 하기 위해 반드시 사전에 평가 기준표를 만들어야 하며, 참석자들이 2-3 제안사의 내용을 듣고 공정히 평가 기준표에 작성해야 합니다.

대표적인 예로, 해당 프로젝트에 대한 경험(1~5점), 인력구성, 비용 등이 다각도로 검토되어야 합니다. A사가 10억, B사가 9억, C사가 12억의 제안가를 내었다고 가정하면, 이때부터 내부적인 회의를 거쳐 최종 협력사를 확정해야 합니다.

만약 B사가 모든 항목에서 A나 C사보다 우위에 있고, 비용까지 적다면 명확하겠지만 보통 반대의 경우가 많습니다. C사가 경험도 많고, 평가에서 최고점을 받았지만 비용이 높다면 회사의 입장에서는 고민에 빠지게 됩니다. 보통 이 단계에서 회사와 제안사 사이에서 줄 당기기 머리 싸움이 시작됩니다.

또한 협력사 비용 외에 하드웨어 비용, T&E(Travel & Expenses, 출장비), 프로젝트 사무실 비용 등 다각도로 총 소요할 예산에 대해 총합적으로 정리하여 산출해야 합니다. 3.6은 이를 작성하기 위한 한 가지 템플릿입니다.

이제 본 프로젝트 비용을 회계적으로 어떻게 처리할지 생각해야 합니다. 프로젝트 비용은 그 성격에 따라 크게 두 가지로 나누어 볼 수 있습니다. 하나는 CAPEX(Capital Expenditures, 자본적 지출)라 불리는 것으

	해당년도			년도 + 1		
	Capex	Expenses	Total	Capex	Expenses	Total
Internal IT resource						
Internal Business resource						
Contractor resource						
Partner resource cost						
Total resource cost						
Travel and Expendituer cost						
Hardware Purchase						
Total Hardware Cost						
Software Purchase						
Total Software Cost						
Project Duration Support cost						
Change Management Cost						
Other Cost						
Total Project cost						

그림 3.6 프로젝트 비용 산출 예시

로 미래의 이윤을 창출하기 위해 투자하는 비용 개념입니다. 또 하나
는 일반 지출 비용입니다.

예를 들어 프로젝트 비용이 10억이 소요된다고 가정하였을 시 본 비
용 전체를 CAPEX로 처리할 수 있습니다. CAPEX로 처리하게 되면 반
드시 본 10억에 대해 프로젝트 후에 개발된 시스템을 자산으로 등록
해야 합니다. 또한 해당 자산에 대해 보통 5년간의 감가상각을 매년
진행해야 합니다. 즉 재무적 관점에서 보았을 때 10억을 5년 동안 할
부(1년에 2억 원씩)로 진행한다는 개념으로 볼 수 있습니다.

다만 자산으로 잡을 수 없는 순수 비즈니스 프로젝트의 경우 일반
비용으로 처리하며, 이는 해당 회계연도 기간에 비용으로 처리되어 이
익에 영향을 줄 수 있습니다. 프로젝트를 CAPEX로 처리할지 일반 비
용으로 처리할지에 대해서는 회사마다 규정이 많이 다를 수 있으니, 프
로젝트 관리자의 경우는 재무/회계팀과 반드시 본 내용을 협의/상의해
야 하며, 필요시 최고재무담당자와도 이야기를 나누어야 합니다.

한 예로 협력업체의 인건비의 경우 만약 프로젝트 이후 자산으로 잡
을 수 없는 결과물이 나왔을 경우 일반 비용으로 처리되는 것이 바람
직하지만, 구체적으로 개발인건비라면 CAPEX로 처리될 수 있습니다.
물론 필요에 따라 20:80, 50:50과 같이 비율로 하는 것도 프로젝트 상
황에 따라 고려될 수 있습니다.

프로젝트 ROI 산출

프로젝트 기획 및 관련 문서는 어떻게 작성하는 것이 좋은가?

프로젝트 비용/예산이 이제 확정 단계에 들어섰습니다. 회사의 전체 영업이익에 대해 책임을 가지고 있는 최고경영자나 최고재무책임자라면 무엇을 물어볼까요? 프로젝트 혜택(Project Benefit)도 될 수 있지만 이는 정성적인 자료이며, 보다 정량적인 자료를 요구할 수도 있습니다.

가령 10억을 투자한다면, 앞으로 얼마 만에 해당 10억을 회수할 수 있느냐 하는 것입니다. 프로젝트 완료로 얻을 수 있는 정량적인 데이터는 얼마든지 있을 수 있습니다. 매출증가, 점유율 상승과 같은 재무적인 성과에 기여하는 경우일 수도 있고, 업무 효율성 측면에서 세 사람이 하던 일을 해당 시스템 도입으로 인해 두 사람이 할 수 있다면 이 또한 비용의 간접적인 절감 효과가 될 수도 있습니다.

또한 직접적인 비용을 줄일 수 있는 경우도 있습니다. 예를 들어, 해당 시스템의 도입으로 아웃소싱 업체에 주던 비용을 전체 절감할 수도 있습니다.

이러한 자료들을 체계적으로 요약하면 1년에 5억 원의 비용절감, 5억 원의 매출기여 등으로 산출해 낼 수 있습니다.

위의 예를 들어보면 10억을 투자하여, 1년 안에 10억을 전부 회수할 수 있는 ROI(Return of Investment, 투자자본수익률) 기간을 산출해 낼 수 있습니다. 물론 추정치이기 때문에 과연 그러한 돈이 현금(Hard Cash)적으로 실현되기는 쉽지 않습니다. 다만 경영자의 입장에서는 투자 대비 효과가 높은 프로젝트라고 판단하는 데 중요한 자료가 될 수 있습니다. 그럼 지금부터 세 가지 경우를 중심으로 ROI가 어떻게 산출되는지 살펴보도록 하겠으며, 표3.7은 이를 위한 템플릿입니다.

1. **매출 기여**: 해당 프로젝트가 매출에 기여할 수 있다면 이를 단순하게 계량화할 수 있습니다. 다만, 근거 자료를 위해서는 국내외 사례에 대한 분석이 요구됩니다. 예를 들어, 유통업체의 경우 ERP(전사적 자원관리)를 구축한 결과 국내외의 자료에 의하면, 평균적으로 1~2% 정도의 매출증대 효과가 있었다는 것을 근거 자료로 삼아야 합니다. 매출증대의 원인으로는 적시에 상품을 공급함을 통한 획기적인 결품률(Out of Stock) 감축이나 상품 구색에 맞는 판촉으로 인한 매출증대 등도 근거 자료가 될 수 있습니다. 1조원

Main Operational KPI's									
Item	Benefit type	Description of benefit	KPI calculation	Source of KPI data	Baseline (% of value)	Target (cumulative)			
						Y15	Y16	Y17	Y18
Op 1	Overhead Improvement	Increase of Working Efficiency	Number of People Engaged in Reporting Building		0%	0%	0%	0%	0%
Op 2	Improving Income (i.e. NSV)	Efficient and Timely Decision Making Based on Accurate Data	Market Share	Commercial	0%	0%	0%	0%	0%
Op 3	Balance Sheet Improvement								
Op 4	Cost avoidance								

Financial measurable benefits									
Item	Benefit type	Description of benefit	Benefit Measurement	Link to Operational KPI	Y15	Y16	Y17	Y18	Total
Fin 1	Overhead Improvement	Efficiency Improvement	Measurable	OP1	-	-	-	-	-
Fin 2	Improving Income (i.e. NSV)	Contribute to increase sales and market share	Enabler - not directly measureable	OP2					-
Fin 3	Balance Sheet Improvement								-
Fin 4	Cost avoidance								-
			Total benefit		-	-	-	-	-

Overall investment						
	Y14	Y15	Y16	Y17	Y18	Total
Total Capex investment		-				-
Total Revenue investment		-				-
Total investment	-	-	-	-	-	-

그림 3.7 프로젝트 ROI 산출

의 매출을 기록하고 있는 유통업체가 만약 100억을 들여 ERP를 구축하여 1%의 매출 증대만 볼 수 있다면, 이는 100억이라는 금액이 1년 안에 회수될 수 있다는 것이며, 5년 동안 500억 원의 효과를 볼 수 있다는 계산 결과가 나오게 됩니다. 다만 매출 기여의 경우 확실한 근거 자료가 제공되어야 하며 그렇지 않을 경우 많은 반론 공격(Challenge)을 받게 됨을 기억해 두시기 바랍니다.

2. **업무효율성 향상**: 가장 많이 활용되는 항목이 효율성 증대입니다. 예를 들어 업무에 필요한 각종 운영/분석 리포트를 매뉴얼로 생성하고 배포하는 직원 수를 조사해 보니 20명이 있다는 것을 알 수 있었습니다. 또한 각 직원 별로 평균 하루에 해당 리포트 작성 일로 2-3시간 소요된다는 것을 간략한 조사를 통해 파악할 수 있었습니다. 그럼 한 사람당 한 달에 262시간(2.5시간 × 5일 × 21일) 소요되는 것이며 이를 20명으로 확대하면 월 5,250시간이 됩니다. 그런데 만약 이러한 리포트 작업 업무를 대신해 주는 DW(Data Warehouse)가 도입된다고 가정하죠. 극단적으로 가정하여, 5,250시간 전부를 절감할 수 있다고 한다면, 이는 월평균 6.25명이 할 일을 시스템이 한다고 할 수 있습니다. 한 사람당 월급을 300만 원이라고 가정하면 월 1875만 원의 효과가 있는 것이며 년 기준으

로는 2억 2천 정도 됩니다. 즉 5년 안에 10억이 넘는 비용이 회수될 수 있는 수치입니다. 물론 6.25명이 줄어들 수 있다는 개념으로 접근하는 것보다는 해당 6.25명이 보다 가치있는 즉 부가가치(Value Added)화된 일을 하는 것으로 생각하는 것이 바람직할 것입니다.

이러한 ROI는 주로 컨설팅 회사들이 프로젝트 정당성을 위해 많이 사용하던 방식이었으나 10년 전부터는 거의 모든 프로젝트에서 해당 ROI 방법을 이용하고 있습니다. 내부 프로세스가 정밀하고 체계적인 회사의 경우 IT 감사라는 것을 통해 2-3년 전 제출된 프로젝트 ROI와 실제 실현된 정량적인 금액이 어느 정도 일치하는가를 조사하는 기업도 종종 있습니다.

VERSION 3.0 UPGRADE PROJECT

PART 4

대화 상대에 따라 효율적인
커뮤니케이션은 어떻게 하는 것이 좋은가?

우리가 일상생활에서 가족과 이야기할 때를 생각해 보도록 하겠습니다. 조만간 가족 행사가 있습니다(예를 들어, 부모님 칠순 잔치). 여러분은 장남/장녀로서 본 행사의 담당자입니다. 여러분이 본 행사에 대해 가족분들에게 커뮤니케이션 할 때, 부모님, 아내/남편, 아들/딸, 고모/삼촌 등에 대해 본 일을 상의하거나, 말씀을 드릴 때 같은 내용이지만 대화의 상대방에 따라 서로 다른 어투와, 내용으로 조금씩 달리 이야기하실 겁니다.

예를 들어, 아들/딸들에게는 '언제/어디서 잔치가 있을 예정이니 너희들은 미리 숙제하고 할아버지 선물 하나 준비하거라'라고 할 수 있죠. 칠순 잔치 대상자인 부모님에게는 '언제, 누가 방문할 계획이며, 장소는 어디이며, 비용은 어떻게 나누기로 하였습니다'라고 할 수 있을 겁니다. 실제 행사를 같이 준비할 배우자에게는 메뉴는 무엇으로 하며, 선물의 종류와 가격, 모두가 접근하기 편한 장소 물색, 여러 가지 보다 세부적인 내용을 이야기할 수 있습니다.

회사에서도 동일한 일이 발생하게 됩니다. 다만 대면하는 대화 상대의 대상과 그 내용이 가정보다는 훨씬 다양합니다. 상급자 중에서도 하이레벨(High Level)을 좋아하시는 분, 상세내용을 좋아하시는 분, 이것저것도 아닌 분, 둘 다 좋아하시는 분 혹은 주제에 따라 매일 매일 바뀌어 갈피를 못 잡게 하시는 분 등이 있습니다.

팀원 분들 중에도 모든 것을 위임할 수 있는 사람, 하나하나 꼼꼼히 지시해야 하는 사람 종류가 다양하죠. 동료 분들 중에도 큰 그림을 먼저 그리려고 하시는 분, 나무를 먼저 보려고 하시는 분, 둘 다 같이 고려하자는 분 너무나 다양하고, 이 모든 상황을 매트릭스로 구성하게 되면 우리의 머리는 터져 버립니다. 물론 할 수도 없습니다. 왜냐하면 회사에 100명의 상급자가 있으면 100개의 케이스가 존재하기 때문입니다.

따라서 본 장에서도 이 복잡한 상황을 어떻게 단순화시켜서 약간의 변화로 효율적인 커뮤니케이션을 할 수 있을지에 대해 살펴보도록 하겠습니다.

상급자에 대한 커뮤니케이션

대화 상대에 따라 효율적인 커뮤니케이션은 어떻게 하는 것이 좋은가?

먼저 상급자의 정의를 내리자면 본인에게 업무 지시를 내리거나 보고를 받는 라인 상의 매니저입니다. 본인이 부장이라면 상급자는 임원이 될 수 있으며, 대리라면 과장이 상급자가 될 수도 있겠죠. 아래의 경우가 우리가 자주 접하는 경우입니다.

가장 힘든 경우가 되겠지만, 상세한 내용을 보고하면, '그래서 핵심이 뭐야'라고 질문을 받게 되고, 핵심 서머리(요지)를 보고하면, '그래서 구체적으로 어떻게 하겠다는 거야'라고 질문이 들어오는 경우입니다. 보고하는 주제에 따라 일부 달라질 수 있지만, 직장 생활에서 아주 흔하게 접하는 경우입니다.

사실 이는 해당 상급자가 처한 상황, 상급자의 상급자(보통 할아버지 관리자 혹은 Second Line 매니저라고 하죠)가 요구하는 상황 등 복잡한 상황이 담겨 있습니다. 예를 들어 상급자의 상급자가 역시 위와 같은 패턴을 보인다면, 상급자의 경우도 보고 시 예상되는 여러 가지 반론 공격 (Challenge)에 대해 고민하지 않을 수 없습니다.

일반적인 경우 부서장, 임원의 경우 수많은 보고를 받게 되며, 사람의 심리 상 핵심적인 내용을 선호하게 됩니다. 물론 상세 내용을 아주 상세하게 즐기는 상급자도 당연히 있습니다.

따라서, 보고 시 보편적으로 활용할 수 있는 방법은, 먼저 핵심을 정리하는 문서 혹은 메일을 만들고, 상세 내용의 경우 부록(Appendix) 혹은, 보조 문서를 준비하는 것이 제일 안전한(?) 방법입니다. 예를 들어, 임원들을 대상으로 신규 프로젝트에 대해 설명하는 자리/문서라면, 핵심 서머리 문서는 기본적인 프로젝트 일정, 최종 산출물, 기대 효과 등을 10장 이내로 정리하는 것이 좋습니다.

여기서 끝이 나게 되면 좋지만, 혹시 추가적인 상세 질문 및 토론에 대비하여, 부록(Appendix)으로 산출물 리스트, 리스크 및 이슈, 보고일정 등도 같이 준비하면 좋겠죠.

만약 어떤 이슈에 대해 보고하는 자리라면, 한두 장으로 명확히 이슈가 무엇인지에 대해 설명하고, 각 이슈를 해결하기 위한 옵션 두세 개를 같이 설명하는 것이 좋습니다.

여기서 중요한 부분은 '그래서 자네 생각은 뭔가'라는 것에 반드시 대비해야 하는 것입니다. 사실 보고 시 우리는 상급자에게 옵션을 선택해 달라고 보고하는 것이지만, 사실 해당 이슈에 대해서는 해당 보고자가 가장 전문가임을 잊지 마십시오.

따라서 반드시 어떤 옵션이 어떠한 이유로 타당한 것인가에 대해 반드시 안을 가지고 이야기하는 것이 상급자에게 신임을 받기 위한 좋은 방법입니다. 상급자의 신뢰는 계속 높아질 것입니다.

또 한 가지 예로 내년 예산에 대해 최고 경영자에게 보고하는 자리입니다. 수많은 회계데이터를 하나씩 다 보고 할 생각이십니까? 이때는 반드시 요약된 서머리 문서가 있어야 하며, 모든 데이터는 백업으로 가지고 있어야 합니다.

해당 상급자가 '아니 왜 A 관련 예산이 5% 올랐지' 하고 물으면, 백데이터를 제시할 수 있어야 합니다. 혹 자료를 찾기 힘들다거나, 모를 때에는 우물쭈물하지 말고, '네, 제가 다시 파악하여 빨리 알려 드리겠습니다'라고 하는 것이 그나마 다음 주제로 넘어가는 좋은 방법일 수 있습니다. 만약 이때, 불충분한 지식으로 답변하게 된다면, 상급자의 경험상 '이 친구가 잘 모르고 있군' 하고 계속적인 반론 공격(Challenge)이 들어올 수 있으며, 미팅은 결론 없이 끝나게 됩니다.

이런 일이 계속 발생하게 되면 상급자로부터의 신뢰가 조금씩 손상을 받게 됩니다. 반드시 피해야 할 일이죠. 담당자 역시 완벽할 수 없으며, 상급자 역시 보완 지시를 하게 되어 있어서, 어떤 특정 질문에 대해 몇 개 모른다고 큰 문제는 없습니다. 오히려 잘 보완하면 더 좋은 결과가 나올 수 있습니다. 다만, 10개 질문에 5개 이상 답변을 못하게 되면, 그러한 보고는 하지 않는 것이 좋습니다. 준비를 더 해야 할 것입니다.

조금 더 준비한다면 보고서를 만들 시 예상 질문 리스트를 머릿속에 생각해보고 답변을 미리 준비하는 것도 상급자에게 지속적인 신뢰를 줄 수 있습니다. 명심하세요. 상급자도 보고자가 준비/고민을 많이 했을 것이라 생각하고 반드시 여러분의 의견을 물을 것입니다. 상급자도 보고자와 반대되는 옵션을 선택하기는 결코 쉽지 않습니다.

우리는 미팅의 홍수에 살고 있습니다. 많은 미팅 등이 효율적이지 못하며, 시간만 낭비하는 경우가 많습니다. 미팅에서 가장 중요한 것은 내가 본 미팅에서 얻고자 하는 점, 그리고 해결되지 않았을 경우 명확한 Next Step의 정의입니다.

미팅도 여러 유형, 예를 들어, 정보 공유, 보고, 의견 조율, 활동 정의 등이 있을 수 있겠고, 미팅을 주도하는 입장인지, 아니면 필수 참석자, 단순참석자 등으로 나누어 볼 수 있습니다. 모든 내용을 본 책에서 담기는 쉽지 않습니다. 다만 여기에서는 가장 보편적이고 다루기 쉽지 않은 유형에 대해 다루어 볼까 합니다.

여러분들이 어떤 프로젝트를 기획안으로 만들었습니다. 한 번으로 끝이 날 수도 있으며, 한 달 동안 정기적인 미팅을 할 수도 있습니다. 먼저 여러분이 많은 분들을 초대하여, 1시간 동안 미팅을 하려고 합니다. 먼저 자신에게 물어보죠. 바쁘신 분들을 다섯 분 초대하여 1시간 동안 미팅을 하려는데, '과연 미팅의 구체적인 목적이 무엇일까?', '미팅이 끝이 났을 때 내가 구체적으로 얻고자 하는 것은 무엇일까?'가 확실해야 합니다. 최소 이 두 가지가 확실하지 않으면, 아직 미팅 준비가 완료되지 않은 것이며 설령 미팅을 한다고 하더라도 미팅의 목적을 이루지 못할 확률이 높습니다.

이런 예를 생각해 보도록 하겠습니다. 나는 내 기획안에 대해, 다른 부서의 지원이 필요하며, '다른 부서의 지원을 언제부터 언제까지 받는다'라는 구체적인 목적이 있어야 합니다. 최소한 이러한 목적이 정해졌다면 이제 미팅 초대(Invitation) 메일을 보내야 하겠죠. 미팅 메일에는 반드시 미팅의 목적, 결과, 의제(Agenda) 등을 구체적으로 명시해주는 것이 좋습니다.

이제 드디어 미팅 시작입니다. 미팅의 리더인 여러분들은 오늘 1시간의 미팅을 통해 구체적으로 얻고자 하는 것을 항상 미팅 시간 내내 기억해야 합니다.

특히 미팅 시작 전에 앞에 있는 화이트 보드 등에 오늘의 미팅 목적을 구체적으로 적어 놓고 시작하는 것이 좋습니다. 물론 타 부서의 지원 이외(미팅 목적과 꼭 일치하지 않는)의 주제로 이야기하고 싶은 경우도 많겠죠. 하지만 오늘 미팅의 목적은 하나라는 것을 명심합시다. 화이트

보드에 미팅에 목적을 쓰고 후에 결정된 내용에 대해 미팅 참석자들에게 상기시켜 주는 것도 효율적입니다.

특히 이러한 상기는 미팅 중간에 다른 주제로 빠지는 것을 방지하는 데 많은 도움을 줍니다. 다른 부서 팀장님께서 갑자기 이런 이야기를 하십니다. '본 프로젝트 비용도 문제인데, 이것은 어떻게 하죠?' 만약 갑자기 프로젝트 비용 쪽으로 주제가 변경된다면, 오늘 미팅 목적은 끝(Game-Over)입니다. 이때 이렇게 하는 것은 어떨까요? '팀장님, 네, 비용 관련해서는 다음 미팅 의제로 잡혀져 있습니다. 조금 전 말씀드린 것처럼 오늘 미팅은 프로젝트 리소스에 대해 이야기를 나누는 것으로 되어 있으므로 이 부분을 먼저 정리하고자 합니다.'

만약 미팅 초대메일(Invitation)에 미팅의 목적, 그리고 미팅 시작 전에 목적에 대한 상기가 없으면, 여러 가지 주제를 이야기하다가 1시간 동안 아무런 소득이 없이 끝날 수도 있습니다. 또한 해당 미팅에 대해 참석자들이 이미 잘 알고 있는 경우라면, 미팅 전에 참석자들로부터 기대사항(Expectation)을 받을 수도 있습니다. 예를 들어, '박 팀장님, 오늘 이런 주제로 미팅을 하려는데, 혹 기대 사항이 있으신지요?' 박 팀장님이 이렇게 말씀하실 수도 있죠. '네, 오늘 미팅에서 확실하게 요구되는 인력 요청 기간을 알고 싶어요', 아님 김 팀장님은 '필요한 인력의 스킬에 대해 알고 싶습니다' 이러한 요청 사항은 화이트 보드에 적어 놓고 미팅을 시작합니다.

이제 미팅 중간에 다른 주제로 빠질 수 있는 고비를 넘기고 드디어 여러분이 얻고자 하는 인력 요청 계획에 대해 다른 부서 분들로부터 동의를 얻을 수 있었습니다.

중요한 부분은 미팅 리더는 반드시 결론에 대해 미팅 종료 전에 서머리를 해야 한다는 것입니다. 요약은 많이 하면 할수록 좋습니다. '네, 이제 결론이 난 것 같네요. 프로젝트 기간이 3개월이므로, 해당 기간 동안 A팀에서 홍길동 대리, B팀에서 강감찬 과장이 일주일에 1일을 지원해 주기로 하셨습니다'

또 하나 미팅 Wrap-up을 해야 하는데, 오늘 미팅에서 얻을 수 있는 목적을 얻었는가, 그리고 미팅 시작 전에 다른 분들로부터 기대사항을 받았는데, 다 해결되었는가? 혹 해결되지 않은 부분이 있으면, 이 부분이 Next Step이 되어야 합니다.

위의 예에서, 필요한 인력 스킬에 대해서는 논의하지 못했습니다. 이 부분은 다음 미팅의 주제가 될 수 있겠죠. 특히 미팅 이후에는 최소 당일날 미팅 서머리(요약분)를 메일로 보내드려야 합니다. 두 번, 세 번, 상기를 시키는 것이죠.

결론은 미팅의 리더는 미팅에서 얻고자 하는 목적을 명확히 알고 있어야 하며, 이 목적을 성취하기 위해서, 미팅 중간 들어오는 여러 가지 다른 주제를 관리할 수 있어야 합니다.

특히 결론이 나지 않은 부분에 대해서는 Next Step을 명확히 하고, 누가, 언제까지 정리할 것인지 명확히 미팅 서머리에 남겨야 합니다. 물론 동료와의 미팅, 상급자가 참석하는 미팅, 부하 직원이 참석하는 미팅에 따라 일부 성격은 달라질 수 있으나, 한 가지 명확한 것은 '목적이 없이 시작하는 미팅은 하지 않은 것보다 못하다'는 것입니다.

효율적인 메일 방법

미팅 못지 않게 우리는 메일의 홍수에 살고 있습니다. 회사에서 보내는 분과 받는 분의 입장 차이가 제일 크게 나타나는 부분입니다. 보내는 분은 아주 중요한 메일이지만 받는 분은 스팸 메일로 인식하는 경우가 많이 있습니다. 사실 많은 분들이 하루에 수십/수백 통의 메일 중 중요한 메일을 걸러내는 자신만의 노하우를 가지고 계실 겁니다. 본 섹션에서는 효율적인 메일 방법에 대해 살펴보도록 하겠습니다.

만약 메일을 처음 보내는 입장이라면, 수신자는 가급적 한 명이 있는 것이 좋습니다. 이는 나는 구체적으로 '너'에게 질문이 있다. 혹은 요청이 있다라고 말할 수 있는 것입니다. 정 애매모호 하다면 두 명 정도는 가능하겠으나, 세 명이 넘어가는 수신자는 다른 누군가가 답하겠지 하고 무시해 버리는 경향이 있습니다.

물론, 각각의 담당자에게 보내는 요청 메일, 혹은 정보 공유 등은 당연히 수신자에 많은 사람들이 들어가야 되겠죠.

또한 많은 분들이 수많은 메일을 받고 있기 때문에 제목은 명확히 해야 합니다. 가급적 약어를 자제하고 제목만으로 무엇을 알리려고/요청하려고 하는지 알 수 있게 해야 합니다. 즉, 주목을 끌 수 있게 해야 합니다.

예를 들어보도록 하겠습니다. 제가 저의 상관에게 20XX년 예산 초안(DRAFT)을 보고하는 메일을 준비하고 있습니다. 제목을 뭘로 할까요? "20XX년 예산안"도 될 수 있으나, 이런 제목은 어떨까요? "20XX년 vs 20XX년 예산안" 혹은 프로젝트 결과 보고에 대한 메일이면 "프로젝트 상황 보고"라고 할 수도 있으며 "프로젝트 상황보고: Amber^(보통)"라고 하면 어떨까요? 여러분들 같으면, Amber^(보통)라고 하면 메일을 보고 싶지 않을까요?

이제 메일의 본론입니다. 본론은 두 가지 방법이 있습니다. 예전에 많이 들으셨던 연역법과 귀납법 두 가지가 있습니다. 상황에 따라 달라질 수 있으나, 보통 상급자에게 보고하는 메일이라면 서두에 간략한 결론을 내고, 본문 내용을 적은 뒤, 다시 결론을 간략히 언급하는 것이 메시지를 전달하기 좋습니다.

또한 어떤 요청을 하는 메일이라면, 언제까지 무엇이 필요하다라고, 구체적으로 다시 한 번 명시 하는 게 좋습니다. 예를 들어, 상급자에게 20XX년 예산안에 대해 보고하는 메일을 보낸다고 하죠. 상세한 문서를 첨부하고 아래와 같이 요약 보고를 쓰는 것은 어떨까요?

2014년도 예산, 2013년도 대비 5% 감소

1. 천만 원의 인력 관련 비용 감소 (5% 하락)

2. 천만 원의 서비스 관련 비용 감소 (5% 하락)

3. 천만 원의 감가상각비 증가 (5% 증가)

사람이 따라 일부 달라질 수 있겠으나, 직급이 높은 분일수록, 하루에 수백 통의 메일을 받기 때문에 장문의 메일보다는, 핵심 서머리를 같이 적어 주시는 게 좋다고 봅니다.

특히 경험이 많지 않은 직장 초년 차들이 알아야 할 내용이지만, 자신이 보내는 메일은 수신자뿐만 아니라 관련자 모든 분들이 볼 수 있다는 사실에 염두하세요. 따라서, 타 팀을 폄하한다는 지, 책임을 회피한다든지 하는 내용은 들어가서는 안 되며, 꼭 필요하다면 전화가 낫습니다(기록이 남지 않습니다).

메일이 돌고 돌다가 결국 자신한테 오는 경우가 있습니다. 이때는 다소 귀찮더라고 모든 이력(History)을 읽어보는 것을 권고합니다. 아무리 긴 메일이라도 읽어 보는데 10분 이상 소요되지 않습니다. 이런 메일일수록 수신자가 분명치 않으며, 누구에게 답변을 해야 할지 모르는 경우가 많습니다. 정확한 답변이 안 되면 메일이 다시 돌게(Looping) 됩니다.

메일을 받았을 때 자신이 수신자에 포함되어 있고 여러 명이 C.C에 포함되어 있다고 하면 답변할 때는, 반드시 전체 수신인을 다 포함하여 답변하세요. 어떤 분은 상관없다고 수신인에 빠지게 되면, 이는 메일을 보내는 사람에 대해 예의에 어긋나게 됩니다. 물론 관련되는 분을 추가하는 것은 상관이 없습니다.

B.C.C(숨은 참고인) 경우는 아주 예외적인 경우를 제외하고 쓰지 않는 것이 좋을 것 같습니다. 혹 B.C.C에 들어가야 하는 경우라면, 전화를 쓰는 것이 바람직합니다. 또한 첨부 문서가 3개 이상을 넘어갈 경우에는 본문에 각 첨부문서의 제목/소개를 간단히 다는 것도 좋은 방법입니다. 메일은 1:1 미팅과 비슷한 수준의 영향력 있는 커뮤니케이션 수단입니다. 마지막, Send 버튼을 누르기 전에 꼭 한 번 더 자신의 문장을 읽어 보세요(오타/중복/첨부문서누락). 10초면 됩니다.

VERSION 3.0 UPGRADE PROJECT

종합예술, 발표(Presentation)

우리의 의견을 다른 청중에게 전달하는 방법은 많이 있습니다. 일반적으로 커뮤니케이션 채널이라고 합니다. 메일, 미팅, 발표 등이 가장 대표적입니다. 이전 장에서는 주로 미팅과 메일에 대해 알아보았고 이번 장에서는 직장인의 종합 예술이라고 할 수 있는 발표(Presentation, PT)에 대해 살펴보도록 하겠습니다.

발표 준비

여러분들이 어떤 주제에 대해 임원진 보고가 있다고 가정합시다. 주제는 "프로젝트 진행 계획"이며 여러분은 프로젝트 관리자입니다. 파워포인트를 이용하여 발표 자료를 만들어야 하겠죠. 다만 어떠한 발표든지 빠지지 않아야 할 내용이 있습니다. 이는 뒤 발표 문서의 포맷에서 좀 더 자세히 다루도록 하겠습니다.

1. 오늘 발표의 주제 및 Agenda(의제)

2. 발표 내용(프로젝트 비용, 리소스, 기간, 프로젝트의 이익(Benefits) 등)

3. 핵심 활동 및 요청 / 요구 사항

4. 요약(Summary)

특히 발표의 주제에 대해 명확히 알려야 하며, 청중에게 요청할 내용도 구체적으로 표현하는 것도 좋습니다. 다만 보고받는 사람의 성향을 잘 파악해야 합니다. 간단명료하게 하는 것을 좋아하는 분인지, 혹은 상세 내용을 좋아 하는 분인지에 따라 발표의 성격은 많이 달라질 수 있습니다. 만약 두 가지 성향을 가지신 두 분이 참석한다면, 요약본 중심으로 설명하고, 상세 설명은 부록으로 넣어 상세 내용을 좋아하는 임원의 질문이 있을 시 바로 해당 장으로 옮겨 설명할 수 있습니다.

물론 최고경영자가 상세 내용을 좋아하고 전무님이 요약을 좋아한다면 이야기는 달라지겠죠. 특히 임원분들은 프로젝트의 이익(Benefit)에 대해 관심이 많습니다. 예를 들어 5억을 투자하는데 과연 프로젝트 이후에 5억 원의 돈을 어떻게, 얼마만큼의 기간 동안 회수할 수 있을지 궁금해 하죠. 이 부분을 Business Case Study라고 하는데, ROI(Return of Investment)를 구체적으로 도출하는 방법에 대해서는 이전 장에서 살펴보았습니다.

최고경영자가 프로젝트 이익(Benefit)에 대해서도 이해하고 다음 장으로 넘어갈 단계입니다. 그런데 갑자기 재무담당 임원이 이런 말씀을 하십니다. '5억을 누가 낼 건가요, 우리 지금 유동성(Cash Flow)도 좋지 않은데.' 이때 임원들 중 아군이 없으면 본 승인은 쉽지 않습니다. 최소한 프로젝트를 원활히 진행하기 위해서는 임원급 중에서 프로젝트 스폰서가 있어야 합니다.

해당 프로젝트에 대해 전폭적으로 지원해 주시는 분이죠. 공식적으로는 한 명이지만 많으면 많을수록 좋습니다. 재무담당 임원의 반론 공격(Challenge)에 대해 발표자 대신 프로젝트 스폰서가 답변을 해줄 수 있으면 좋지만, 대변을 해주지 않는 경우도 있습니다.

따라서 이러한 상황을 방지하기 위해, 중요한 의사 결정을 받는 발표의 경우 사전 조율이 상당히 중요합니다. 예를 들어, 발표 이전에 재무담당 임원께 프로젝트 비용을 어떻게 할 것인가에 대해 이야기를 드리고, 설득을 하는 것이 필요합니다.

또한 프로젝트 인력 차출에 대해서는 담당 임원들에게 미리 이야기를 하여 조율하는 과정이 아주 중요합니다. 기억합시다. 다섯 분의 임원이 있는데, 한 분과 조율을 마치지 않은 상황이라면, 그 한 분에 의해 프로젝트 승인을 받지 못할 수도 있습니다. 사전에 바쁘고 부지런해야 합니다.

이제 발표의 태도 및 진행 방법에 대해 이야기해 보도록 하겠습니다. 일단 발표자는 해당 자료에 대해 100% 이해하고 있어야 합니다. 이해도가 높을수록 일반적으로 긴장이 덜 합니다.

사람의 유형에 따라 전혀 긴장하지 않는 사람, 처음부터 끝까지 긴장하는 사람, 처음 2-3분 긴장하지만 그 이후 긴장하지 않는 사람 다양합니다.

긴장한다는 것은 당연한 것이며, 어느 정도의 긴장감은 발표에 많은 도움을 주는 것 같습니다. 다만 너무 심한 긴장감은 청중에게 불편함을 줄 수도 있습니다. 필자의 경우는 처음 발표 직전에 많이 긴장하는 편이나 발표가 시작되고 1-2분 정도가 지나면 괜찮아지는 경우인 것 같습니다.

어떤 분은 심장이 지금 터질 것 같다. 심장이 뛰는 소리가 내 귀까지 들린다고 극도의 긴장감을 가지고 계시는 분들도 상당히 많은 것이 현실입니다.

사실 긴장감의 강약은 심리적인 부분이라 본 책에서는 다룰 성격은 아니지만, 긴장감을 어느 정도 낮추고 발표를 잘할 수 있는 방법에 대해 이야기하고자 합니다.

첫째, 발표하고자 하는 내용에 대해 100% 이해하고, 예상되는 질문 리스트를 만들어 대비하라는 것입니다. 문서를 만들다 보면 분명 예상 질문 등이 머리에 떠오르게 됩니다. 이러한 예상 질문들을 미리 정리해 놓으면 훨씬 더 자신감이 생깁니다.

그리고 동료, 부하 직원 등을 상대로 예행연습을 하여 예상되는 질문 등을 받는 것도 많은 도움이 됩니다. 하지만 인생이 그렇게 쉽지 않습니다. 많은 준비를 하였지만 예상치 못한 핵을 찌르는 질문을 받을 수 있습니다. 이때 보통 당황하게 됩니다.

다만, 주의해야 할 점은 답변 시 소설을 쓰지 말라는 것입니다. 오히려 질문을 한 사람에게 불신감을 줄 수 있으며, 이후 발표에도 영향을 받게 됩니다. 딱 1초 동안 생각하세요. 내가 가진 지식으로 어느 정도 답변이 가능한가? 아니면, 일단 백기를 들고 투항할 것인가.

저의 경험으로는 피 발표자들은 보통 발표자를 공격하려는 성향을 가지고 있고, 허점을 찾으려고 합니다. 그러한 질문을 하는 것이 인정을 받는 경우도 많습니다. 이럴 때는 소설 식으로 횡설수설 하는 답변을 하는 것보다, '네, 전무님, 제가 미처 거기까지는 생각지 못했습니다.

제가 좀 더 확인 후 답변을 곧 드리도록 하겠습니다.'라고 답하면 해당 전무님은 핵심 질문을 던진 것에 대해 내심 행복해 하고, 발표자는 고비를 넘길 수 있습니다. 제일 경계해야 할 일은, 정확하지 않고 자신 없는 답변을 계속 하는 것입니다. 해당 전무님은 계속 꼬리를 물고 질문을 할 겁니다. 발표자는 만신창이가 될 수 있죠. 확실치 않은 답변의 경우 '제가 알기로 이러한데, 전무님 말씀대로, 본 부분은 다시 확인 후 곧 알려드리겠습니다'라고 일종의 보험을 들고 마무리해야 합니다.

둘째, 연습, 연습, 연습입니다. 필자의 경우도 긴장을 많이 하는 편인데, 작은 발표의 경우 세 번, 큰 발표의 경우 5-7번 정도 연습을 합니다. 세 번 정도 발표를 연습하면, 해당 내용이 머릿속에 거의 기억이 될 겁니다. 15장 정도의 파워포인트 발표 자료가 순서대로 머릿속에서 기억되는 것이죠.

이제 발표 자리에 섰습니다. 1번 슬라이드부터 15번까지 머릿속에서 그려져야 합니다. 누군가 만들어 준 슬라이드의 경우 발표 연습은 더 해야 합니다. 머릿속에 그려진 내용은 말로 이야기 할 때 또박또박하게 들리며, 듣는 사람의 경우도 아주 발표자가 자신감 있게 보여 이렇게 생각할 수도 있습니다. '음. 잘못 질문 했다가 오히려 창피당하겠구나.' 발표자가 자신감 있게 보이는 데 가장 좋은 방법은 연습, 연습, 또 연습입니다.

셋째, 발표 태도입니다. 공손하지만, 자신감 있는 태도는 청중들에게 강한 인상(Impression)을 줄 수 있습니다. 손을 주머니에 넣는 것은 좋지 않습니다. 두 손으로 포인터나, 볼펜 등을 가지런히 잡고 있는 것이 좋으며, 발표자의 위치를 무대 왼쪽과 오른쪽으로 한 번씩 옮기는 것도 주목을 받는 데 좋습니다.

특히 아이컨텍(Eye-Contact)은 아주 중요한데, 10명 이내 분들의 경우 충분히 한 번씩 돌아가면서 아이컨텍을 할 수 있어야 합니다. 각각의 청중은 '발표자가 자기에게 주목하고 있구나'라고 만족감을 가질 수 있습니다. 물론 청중 중에 가장 높으신 분에게 많은 아이컨텍(Eye-Contact)을 하는 것이 중요하겠죠.

혹 갑자기 주목을 끌어야 한다거나, 중요한 이야기를 할 때에는, 이야기 중간에 2-3초 정도 정지(Pause)를 하는 것도 아주 좋은 방법입니다. 계속 이야기를 하다가 2-3초 동안 아무 말도 하지 않으면, 청중 전부 주목을 하게 됩니다.

종종 발표 도중에 난상 토론이 벌어지는 경우가 있습니다. 이때에는 발표자도 통제가 안 되죠. 중요한 논의라면 토론을 진행하게 두는 것도 방법이라 생각합니다. 다만 5분 이상 지연되는 경우 다시 청중들에게 '본 내용의 경우 별로 자리를 마련하겠습니다.'라고 정리한 후 발표을 속행해야 합니다.

발표 내용

어떻게 보면 제일 중요한 부분은 발표의 내용입니다. 컨텐츠가 명확해야 하며, 논리적인 접근으로 발표 구성이 이루어져야 합니다. 가장 대표적인 종류 두 가지가 우리가 익혀 들어온 연역적 방법과 귀납적 방법입니다.

사실 IT 부분에서는 이러한 진행 방법을 그렇게 많이 사용하지 않습니다. 왜냐하면 연역과 귀납은 주로 논리적인 접근 방법이기 때문입니다. IT의 경우 이미 해야겠다는 목표가 명확한 경우가 대부분이며 이를 설명하는 발표가 많기 때문입니다. 하지만 앞서 설명한 프로젝트 어프로치를 설명할 때는 연역적과 귀납적 방법이 일부 활용될 수 있습니다.

주로 이러한 논리적 방법은 어떤 결론에 대해 어떻게 설명하여 청중을 설득시킬 수 있느냐에 대한 방법입니다.

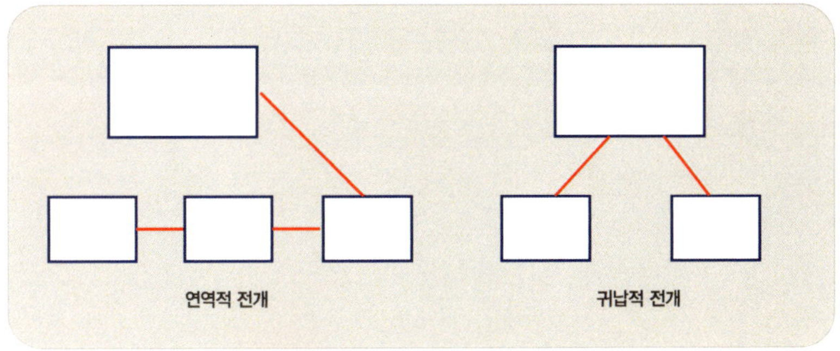

그림 5.1 연역적 방법 vs 귀납적 방법

연역적 방법은 우리가 어떤 사실에 대해 왜 이렇게 해야 하는지에 대한 내용을 논리적으로 설명해 나가면서 결론을 도출하는 방법입니다. 예를 들어, 회사가 어떤 시스템에 100억이라는 금액을 투자해야 한다고 가정하죠. 그렇다면 이 100억을 투자하여 얻을 수 있는 이익(Benefit) 등을 논리적으로 하나하나 설명해야 합니다.

예를 들어, '100억을 투자하게 되면 이러한 이익(Benefit)을 얻을 수 있으며, 이러한 이익(Benefit)은 결국 회사 매출 증대에 기여할 수 있으므로, 본 투자는 타당한 것이다.'라고 설명하는 방식입니다. 연역적 방법은 설명 장표 하나 하나가 물 흐르듯이 연결되어야 합니다. 논리적인 비약이 없고, 설명이 타당하다면 결론을 이끌어 내는데 도움이 되는 방법입니다.

특히 청중 중에 해당 프로젝트에 반대하는 분이 있다면, 논리적인 비약이나, 가정 등에 있어 반론 공격(Challenge)을 할 수 있으나, 전체적인 결론을 도출하는 데는 귀납법보다는 안전한 방법입니다.

귀납법은 100억이라는 금액에 대해 결론을 먼저 이야기하고, 일종의 병렬적인 구조로 결론의 타당성을 설명하는 방식입니다. 예를 들어, A라는 회사도 이미 투자를 해서 효과를 보았었고, 두 번째는 이익(Benefit)도 이렇게 많으니, 100억에 대한 투자는 타당한 것이라고 주장하는 것입니다.

다만 본 방법은 결론을 주장하는 여러 가지 사실/가정 등에 혹 하나라도 치명적인 오류가 발견되면, 다른 사실에도 의심을 받아 100억 투자 타당성 전체에 의심을 받는 경우가 발생할 수 있습니다. 또한 병렬적인 설명 간에도 어느 정도 논리적인 연결성이 있어야 하나 보통 이를 논리적으로 표현하기는 쉽지 않습니다. 따라서, 보다 안전한 설득을 하기 위해서는 귀납적 방법보다는 연역적 방법이 많이 활용되는 편입니다.

발표문서의 포맷(Format)

발표문서의 포맷은 그 내용에 따라 너무나 다양할 수 있습니다. 그 모든 경우를 설명할 수는 없으나, 반드시 포함되어야하는 내용을 중심으로 설명하도록 하겠습니다.

📑 1. 발표의 커버 페이지

보통 파워포인트와 빔 프로젝트를 많이 사용하는 상황에서 청중 등이 모두 준비가 될 때까지 발표문서의 커버를 미리 띄어 놓는 것도 하나의 방법입니다. 발표문서 커버에는 해당 발표의 주제, 날짜, 발표자 등이 반드시 명시되어 있어야 하며, 본 커버 페이지를 통해 청중은 최소한 오늘 발표의 주제는 알고 시작할 수 있습니다. 아래는 발표문서 커버의 예시입니다.

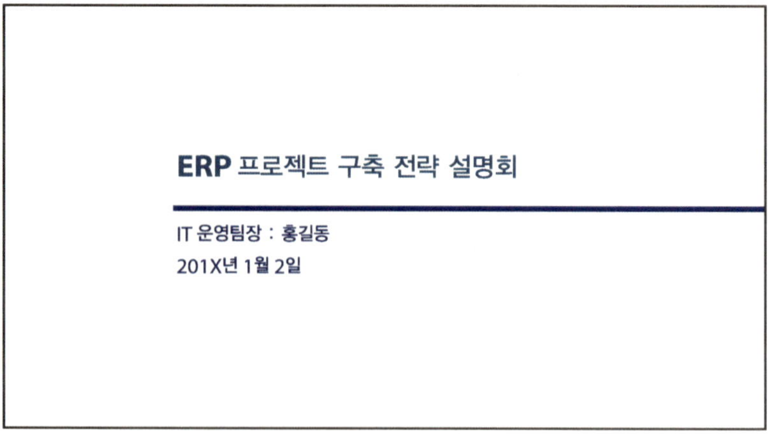

※ 발표 문서 커버 이미지

ERP 프로젝트 구축 전략 설명회

IT 운영팀장 : 홍길동
201X년 1월 2일

그림 5.2 발표 문서 커버

　발표 커버 페이지를 띄어 놓은 상태에서 참석자에게 '참석하여 주셔서 감사합니다.'와 같이 상황에 맞게 분위기를 부드럽게 할 수 있는 이야기 등을 하는 것도 효과적일 수 있습니다. 발표가 시작되면 '먼저 ERP 프로젝트 구축 전략 설명회에 참석하여 주신 모든 분들께 감사드립니다. 저는 오늘 발표를 맡은 IT 팀장 홍길동입니다. 발표 시간은 1시간 정도 예상됩니다.'라고 오프닝을 하는 것도 중요합니다. '그럼 다음 장에서 오늘 발표할 내용에 대해 간략히 설명 드리도록 하겠습니다.'라고 말을 하는 것도 방법입니다.

📑 2. 발표의 목차

발표의 목차 역시 빠지지 말아야 할 내용입니다. 오늘 어떤 내용으로 발표한다는 것이 명확히 명시되어야 하며, 간략히 각 항목에 대해 언급하는 것이 청중으로 하여금 오늘 들을 내용에 대해 이해를 하는데 많은 도움이 됩니다. 너무 자세히 하게 되면 나중에 본문 내용과 겹치게 되니, 2-3분 동안 설명하는 것이 바람직합니다.

또한 각 장표에는 페이지가 반드시 들어가야 하는데, 이때 단순히 1, 2, 3이라고 적는 것 보다는 1/15, 2/15, 3/15와 같이 전체 페이지 수를 같이 넣어 주는 것이 청중으로 하여금 얼마만큼 진행되었는지 알 수 있게 하며, 발표 시간 관리에도 도움이 될 수 있습니다. 예를 들어, 한 시간 분량의 발표인데 40분이 지난 시점에 3/15페이지라면 청중에게 현재 발표 진행상황(Progress)을 상기시키며 속도를 높이는 데 도움이 될 수 있습니다.

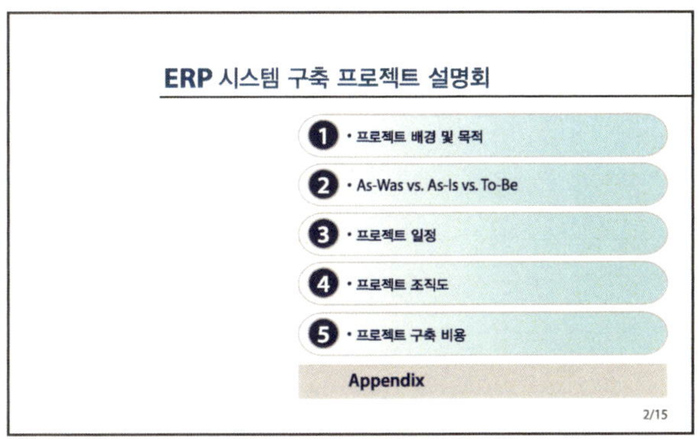

그림 5.3. 발표의 목차

3. 각 장표의 구성

각 장표 간에 물 흐르듯이 논리적으로 연결되는 것이 가장 중요하지만 그다음으로는 각 장표 하나 하나도 어떻게 구성할 것인지 생각해야 합니다. 많이 생략되는 부분이 헤드라인인데, 본 헤드라인만 잘 작성해도 각 장표 간에 연결고리가 생겨, 전체 발표가 부드럽게 이어질 수 있습니다.

극단적으로 이야기해서, 각 헤드라인만 읽어도 무슨 내용인지 정확히 요약될 수 있어야 하며, 두 줄 이상 넘어가는 헤드라인은 가급적 자제하는 게 좋습니다. 물론 많은 내용을 두 줄로 요약 한다는 것이 처음에는 쉽지 않지만 훈련을 거친다면 두 줄로 충분하다는 생각을 하시게 될 겁니다. 특히 내용이 복잡한 경우 두 줄 헤드라인의 중요성은 더 커집니다.

헤드라인을 이야기했으면, 이제 본론으로 들어가서, 해당 장표의 핵심 내용을 설명해야 합니다. 핵심 내용에는 그래프, 사진, 텍스트 등 다양한 형식이 존재할 수 있습니다. 만약 핵심 내용에 대해 보충 설명이 필요한 경우 오른쪽에 약간의 공간을 만들어 보충 설명을 넣을 수도 있습니다. 전체적으로 보면 위에서 아래로, 그리고 왼쪽에서 오른쪽으로 설명하는 것이 많이 보편화되어 있습니다.

Headline
Implications
XXXX Trend
Base : Million, USD
2.57
2.12
1.81
1.78
1.59
-2%
-12%
2.5M
2M
1.5M
1M
500K
2012
2013
2014
2015
2016
· XXXX
· XXXX
· XXXX
Note/Legend
12/15

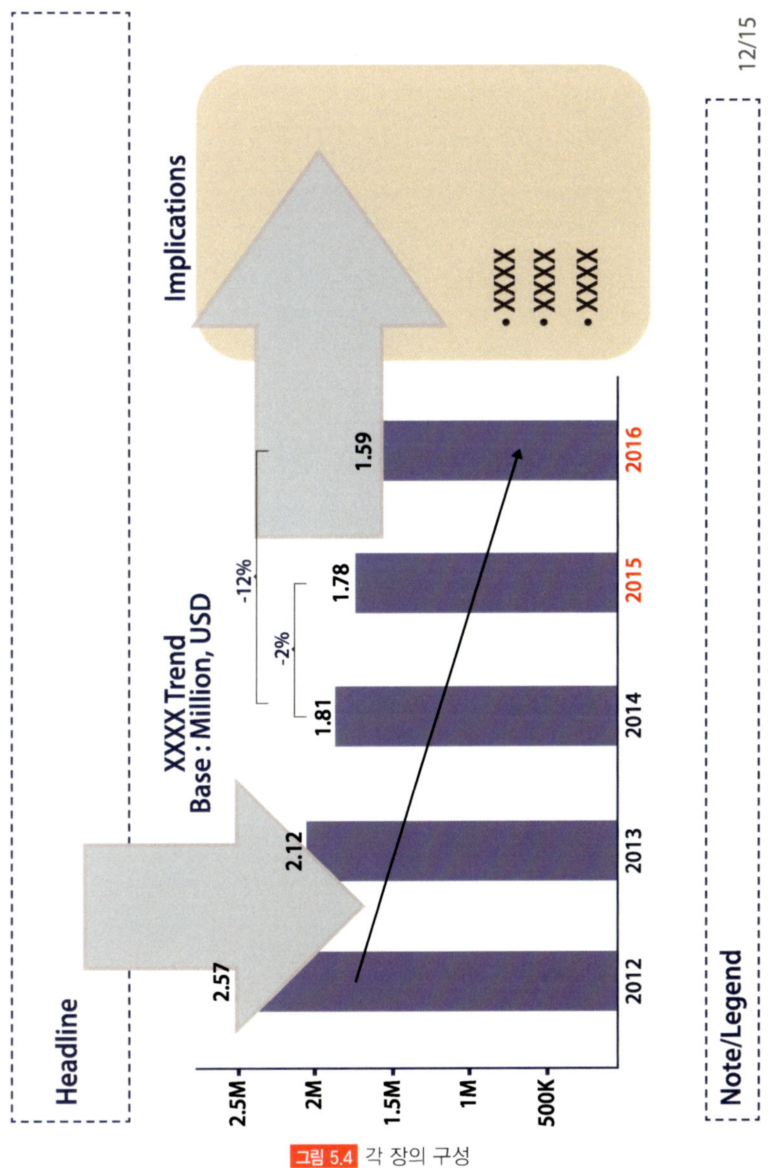

그림 5.4 각 장의 구성

최적의 방법은 발표용으로 따로 문서를 제작하는 것이 바람직하나(간단하게) 실제, 많은 시간이 걸리기 때문에, 작업 문서(Working Document)를 그대로 발표 문서로 활용하는 경우가 많습니다.

발표자의 입장은 가능한 많은 정보를 주고 싶고, 내가 많이 알고 있다고 강조하고 싶겠지만, 듣는 사람의 입장에서는 핵심적이며, 논리 정연한 내용을 일반적으로 더 선호하게 됩니다.

특히 앞서 이야기 한 헤드라인만 잘 강조하더라고 발표가 끝이 났을 때 '아~~ 오늘 내용은 이것이었군' 하고 머리에 잘 기억될 수 있습니다. 너무 많은 정보는 오히려 포인트를 흐려 놓을 수 있다는 점을 잘 기억해야 할 것 같습니다.

또 하나 많은 분들이 간과하는 부분이 약어, 용어 등에 대한 설명입니다. 물론 참석자들이 아는 경우도 있겠지만 특정 용어나, 약어의 경우 아래쪽에 간략한 설명(10포인트 크기)을 달아 넣는 것도 청중을 위한 배려라고 할 수 있습니다.

📝 4. 서머리 및 요청 사항

보통 마지막에는 '감사합니다'라는 심플한 구성으로 마치게 되는데, 마무리를 하기 전에 오늘 발표 내용에 대해 간략히 요약하는 내용을 1장 정도 추가하는 것도 나쁘지 않습니다. 청중에게 한번 더 미팅 내용에 대해 각인시킬 수 있는 좋은 방법입니다.

특히 서양 문화에서는 문서의 초기 혹은 후반에 "What I Need From You"라는 장표가 들어가는 경우가 많이 있습니다. 발표자의 입장에서 혹 청중에게 요청할 사항이 있거나, 협조를 요청할 사항이 있으면 이를 한 장 정도로 요약하는 것도 청중의 주목을 끌 수 있는 방법입니다.

직장 생활에서 발표란 종합 예술입니다. 논리적 접근방법(Logical Approach), 문서 작성 능력, 발표 스킬, 사전 조율 등 여러분들의 기획안 혹은 결과물을 종합적으로 대중에게 가장 효율적으로 알릴 수 있는 커뮤니케이션 방법입니다. 다만, 이중 가장 중요한 점은 연습, 연습 그리고 연습이며, 여기서 나오는 자신감이 발표자의 가장 큰 무기가 될 것입니다.

VERSION 3.0 UPGRADE PROJECT

업무 프로세스를
어떻게 빨리 파악할 수 있을까?

비즈니스 프로세스란 무엇인가?

회사에서 가장 많이 듣는 이야기가 '업무프로세스' 혹은 '비즈니스 프로세스'가 아닐까 합니다. 선배들로부터 많은 분들이 '업무 프로세스를 잘 이해해야 돼', '업무 프로세스를 빨리 익힐 수 있어야 돼'라고 많이 들어보셨을 겁니다.

그런 업무 프로세스란 무엇일까요? 간단히 말해서 업무의 흐름입니다. 예를 들어, 유통업체에서 물건을 사서 일반 고객에게 판매한다고 가정하도록 하겠습니다. 먼저, 유통업체의 입장에서는 어떤 물건을 살 것인지 결정하고, 해당 판매자(제조업체)와 납품 금액 등이 명시되어 있는 계약서를 체결합니다.

그다음은 실제 상품을 구매하는 오더(Purchase Order, PO)를 진행해야 합니다. 오더 이후 해당 상품의 납품이 이루어지고, 검수(해당 상품이 맞는지, 수량은 맞는지, 파손 상품은 없는지 등)를 수행하고 최종적으로 매입 확정을 하게 됩니다.

매입 확정 이후에는 판매자(제조업체)에게 구매 대금을 지불합니다. 동시에 해당 상품을 점포(Store)로 옮기게 되고, 매장에 진열하고, 소비자에게 최종적으로 판매를 하게 됩니다. 마지막으로 월말 결산을 하여 해상 상품의 매출로 인한 매출 이익을 계산하게 됩니다. 즉, 100원에 물건을 구매하여, 150원에 판매하였다면 50원의 이익이 생긴 것이죠.

지금까지 간단하게 이야기한 본 프로세스가 유통업체의 90%를 차지하는 가장 큰 프로세스입니다. 다만 제조업체의 경우는, 먼저 원자재를 사고, 제품을 생산하고, 유통업체와 계약하고 납품을 합니다. 마지막으로 납품 대금을 유통업체로부터 받습니다. 이렇게 가장 근간을 이루는 프로세스를 일명 메가 프로세스라고 부릅니다. 사실 메가 프로세스는 쉽게 파악이 될 수 있습니다. 회사의 근간을 이루는 가장 큰 상위 레벨의 프로세스이기 때문입니다.

다만 프로세스를 계속해서 그 아래 레벨로 세분화할 수 있습니다. 예를 들어, 구매라는 메가 프로세스를 좀 더 세분해 보도록 하겠습니다. 구매를 진행하기 위해서는 먼저 해당 상품 정보를 관리 시스템에 입력해야 합니다(보통 유통업체에서는 머천다이징, MD 시스템이라고 부릅니다). 그리고 구체적으로 어떤 상품을 몇 개 살 것인지 입력해야 합니다. 상품이 도착하면 상품 도착 수량을 다시 입력하여 매입을 확정(시스템에 입력)하게 됩니다. 이렇게 메가 프로세스의 하위 프로세스를 일반적으로 '프로세스'라고 합니다.

여기서 다시 상품정보입력이라는 프로세스를 세분화해보도록 하겠습니다. 먼저 상품정보는 상품명, 가격, 원가 등을 관리하는 일반상품 정보, 다음은 해당 상품이 어떠한 경로로 유통업체에 납품 되는지 관리되는 'Supply Chain(물류)' 정보관리로 다시 나누어질 수 있는데 이는 서브 프로세스(Sub Process)라고 불릴 수 있습니다.

제일 하위의 프로세스는 Step 혹은 Elementary(기초) 프로세스라고 불리며, 더 이상 세분화될 수 없는 가장 최하단의 프로세스입니다. 예를 들어 일반 상품관리에서 상품명 입력, 원가 입력, 판매가 입력, 판매 장소 입력 등이 되겠죠. 업무의 복잡성에 따라 더 내려갈 수도 있지만 일반적으로 4단계 이상은 잘 넘어가지 않습니다.

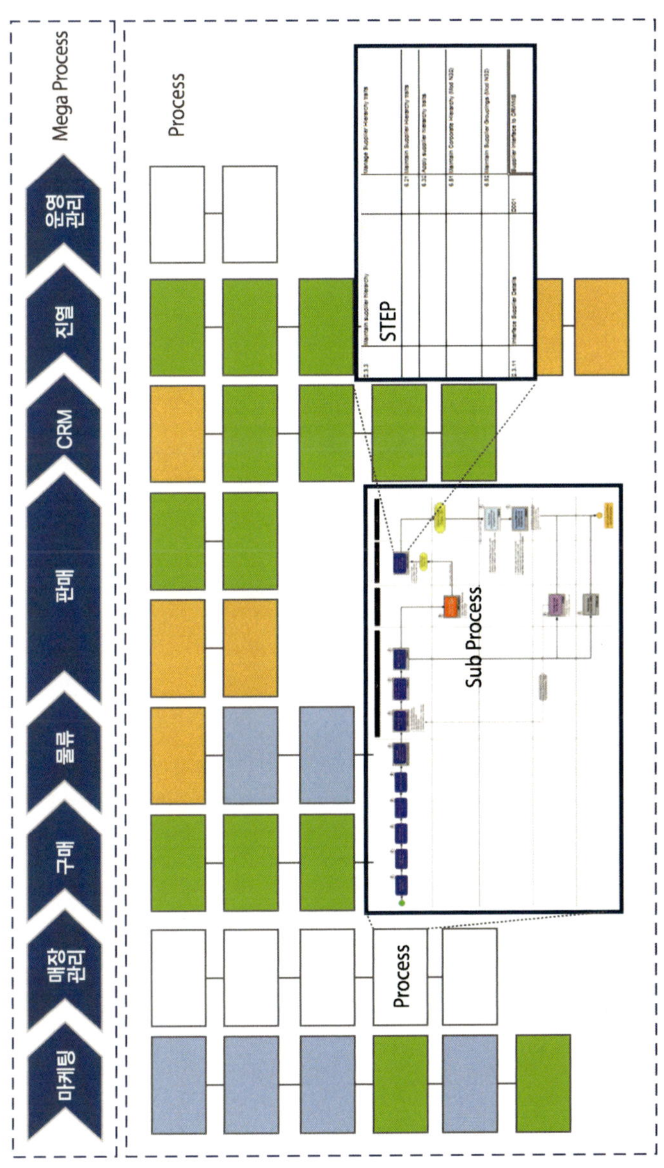

그림 6.1 메가 프로세스, 프로세스, 서브 프로세스, Steps

이러한 업무 프로세스를 잘 파악하고 있으면, '업무를 잘 안다', '저 친구한테 물어봐' 등 회사에서 인정을 받을 수 있는 아주 좋은 무기가 될 수 있습니다. 다만 업무 프로세스를 배우는 것에는 두 가지 경우가 있을 수 있습니다.

첫 번째는, 해당 업무를 직접 수행하면서 경험에 의해 습득하는 경우가 있을 수 있습니다.

두 번째 경우는 자기 업무는 아니지만, 시스템개발, 프로세스 혁신(Innovation) 등으로 인해 타인의 업무를 파악해야 하는 경우입니다. 매일 하는 업무에 대해서는 본 책에서 특별히 언급하지 않도록 하겠습니다. 매일 하다 보면 기간의 차이는 있겠지만, 자연스럽게 해당 업무에 대해 파악할 수 있을 것이니까요.

따라서 본 책에서는 전혀 모르고 있는 프로세스를 어떻게 효과적으로 파악할 지에 대해 초점을 두도록 하겠습니다.

보통 프로세스 개선 관련 컨설팅 프로젝트를 하게 되면, 해당 업무에 대해서는 경험상의 차이는 있겠지만 전혀 모르고 있는 상황입니다. 그런데 해당 컨설턴트들이 어떻게 프로세스를 개선한다고 할 수 있을까요? 또한 IT 프로젝트의 경우 업무 내용을 시스템화하는 것인데, 어떻게 해당 업무 프로세스를 이해해서 시스템화할 수 있을까요? 본 장에서는 이러한 업무 프로세스를 비교적 빨리 이해하고 파악하는 방법에 대해 알고자 합니다.

프로세스 관련 컨설턴트 들은 처음엔 해당 프로세트에 대해 전혀 모르는 수준이지만, 프로젝트가 진행되면 될수록, 회사 전체의 프로세스 흐름을 이해하게 되며, 프로세스의 상세한 내용은 해당 업무를 하는 직원보다는 당연히 이해도가 낮겠지만, 업무 이해의 범위(Width)로 하면 아주 광범위한 업무를 파악할 수 있게 됩니다. 처음 프로젝트 시작 때에는 '아니 컨설턴트가 그것도 몰라'라고 핀잔을 주던 것이 프로젝트 후반으로 갈수록 넓은 업무 범위에 걸쳐 업무를 파악하고 있는 컨설턴트의 이해도에 놀랄 수도 있습니다. 물론 이는 컨설턴트의 역량에도 달려 있습니다.

이런 일을 어떻게 할 수 있을까요? 본 장에서는 이러한 현재 프로세스(보통 AS-IS 프로세스라고 총칭함)들을 어떻게 파악하는지 알아보도록 하겠습니다.

첫째, 회사의 근간을 이루는 메가 프로세스를 인터뷰나, 기존 자료, 타 회사의 자료 등을 활용하여 정리합니다. 회사 내부의 복잡도에 따라 달라질 수는 있으나 보통 10-15개 내외에서 정리할 수 있습니다.

프로세스란 시작과 끝이 반드시 존재해야 하는 것이 원칙이지만 메가 프로세스의 경우에는 반드시 그럴 필요는 없다고 봅니다. 예를 들어 1번부터 8번까지는 하나의 흐름이 될 수 있지만 9번 10번 메가 프로세스는 독립적인 메가 프로세스가 될 수도 있습니다.

앞서 들었던 유통 산업 프로세스를 다시 예로 하겠습니다. 유통산업의 경우, 발주, 구매, 판매, 재고관리의 큰 흐름을 가지게 되는데, 이러한 것들은 일련의 물리적인 상품의 흐름입니다.

다만, 인사관리라는 영역은 앞서 이야기한 상품의 흐름과는 큰 관계가 없죠. 따라서 이러한 경우 인사관리는 하나의 별도의 영역으로 해

도 무방합니다. 또한 상황에 따라 흐름을 가치 사슬(Value Chain)로 표현
하지 않고 메가 프로세스를 정리할 수도 있습니다.

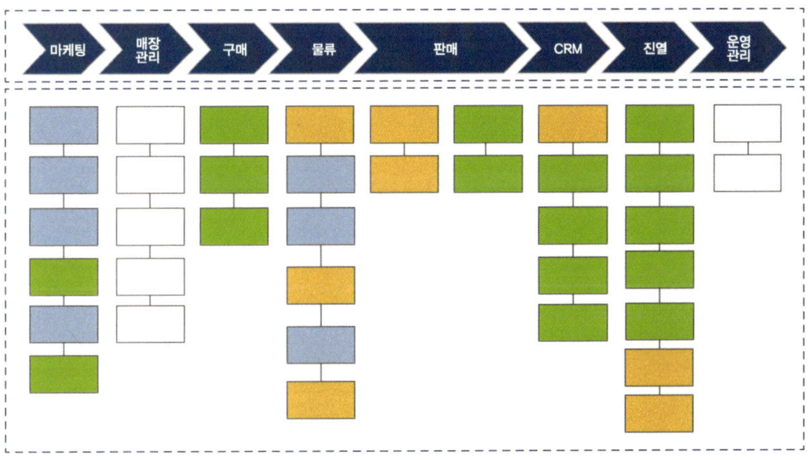

그림 6.2 가치 사슬(Value Chain) 형식의 프로세스 맵

그림 6.2의 경우가 대표적인 흐름 중심 혹은 가치 사슬(Value Chain)
중심의 프로세스 맵입니다. 구매라는 큰 메가 프로세스 밑에 다시 여
러 가지 프로세스가 순서대로 연결되어 있습니다. 이러한 가치 사슬
(Value Chain) 중심의 프로세스 맵은 어떤 프로젝트의 범위(SCOPE)를 정
의할 때 아주 유용하게 활용될 수 있습니다. 가령 색으로 구분하여,

시스템화할 영역, 프로젝트 제외범위 등으로 나타낼 수 있습니다.

이런 유형의 프로세스 맵들은 주로 제조/유통의 경우와 같이 제품/상품의 흐름으로 정의하는 방식이 많이 사용되고 있습니다. 특히 각 산업별로 기본적인 프로세스 맵을 어렵지 않게 구할 수 있어 각 산업에 맞는 프로세스 레퍼런스(Reference) 자료를 수집한 다음, 해당 회사에 맞게 수정, 보완하는 방법을 많이 쓰고 있으며 처음부터 파악하는 방법은 잘 활용되지 않습니다.

하지만 참고할 자료도 없으며, 아주 독특한 산업의 경우 처음부터 메가 프로세스 및 프로세스를 파악해야 하는 경우도 있습니다. 이럴 경우 가치 사슬(Value Chain)의 흐름 중심이 아닌, 평면상에서 프로세스 맵을 구성할 수도 있습니다.

두 번째 유형의 프로세스 맵은 크게 보면 조직이나 업무 기능 중심으로 나누어진 프로세스 형태입니다.

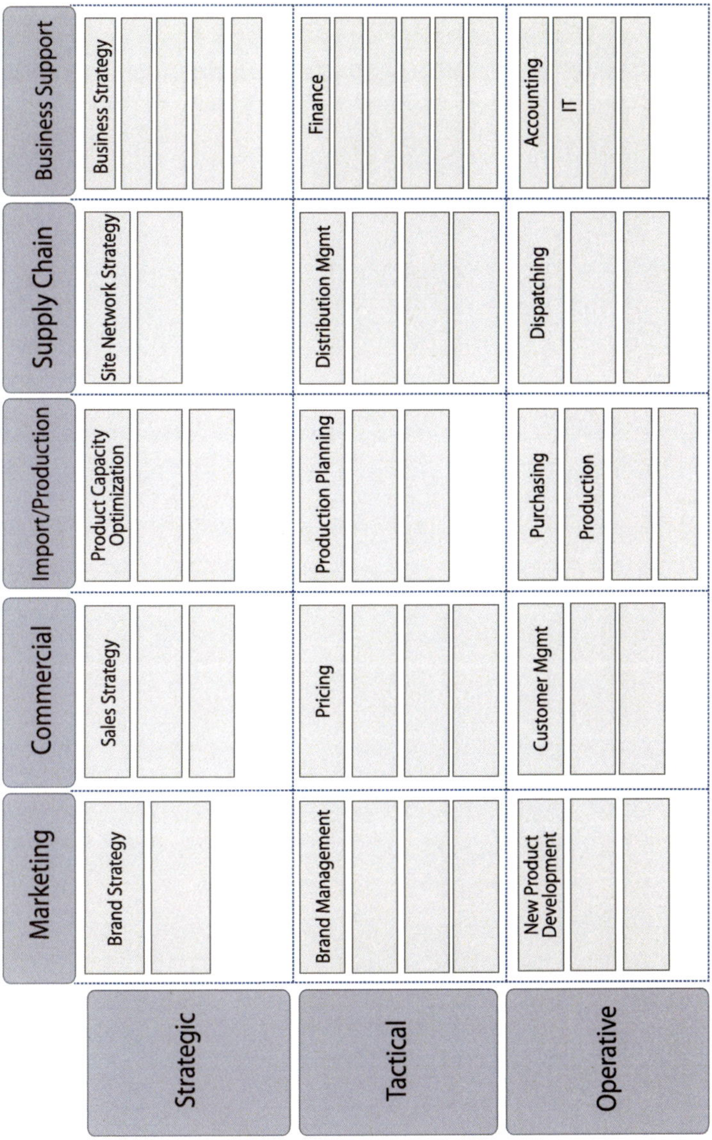

그림 6.3 업무 기능 중심의 프로세스 맵

6.3을 보면 보면, 마케팅, Sales/Commercial, 생산, 지원 기능으로 나누고, 세로축으로는 전략/Planning, 운영, 그리고 이들의 중간인 Tactical로 나누어 볼 수 있습니다. 가로로 5개, 세로로 3개이니까 총 15개의 셀이 생기는데, 각 셀에 세부 프로세스를 적어 넣게 됩니다.

이때 프로세스는 '팀'이 될 수도 있으나, 잘못 만들게 되면 프로세스 맵이 아닌, 조직도가 될 수 있으니, 반드시 해당 셀의 프로세스 오너들과 미팅, 인터뷰, 토론을 통해 조직기능이 아닌 업무 프로세스 형태로 도출해야 합니다.

이제 어느 정도 회사 전체의 프로세스 맵이 완성되었습니다. 특히 프로젝트를 한다면, 해당 프로세스 중에 어떤 영역을 범위로 할 것인지 해당 프로세스 맵에 표현할 수 있습니다. 프로젝트 관리에 있어 3대 축은 시간, 인적자원, 품질이라고 하지만 저는 여기서 더 하나 추가하고 싶습니다. 그것은 프로젝트 범위(SCOPE)입니다. 처음 정하였던 범위(SCOPE)가 계속 추가된다면, 앞에서 이야기한 시간과 품질을 결코 만족시킬 수 없습니다.

이제 서브 프로세스(Sub Process)를 좀 더 상세히 파악해 보도록 하겠습니다. 프로세스 중에 하나를 예로 선택해 보기로 하겠습니다. 예를 들어, '매장판매'라는 프로세스를 좀 더 세분해볼까 합니다.

먼저 맨땅에 헤딩 하기 보다 아래와 같은 템플릿을 활용하는 것도 좋은 방법이 될 수 있습니다. 보통 가로축은 정보 혹은 프로세스의 흐름을, 그리고 세로축은 관련되는 팀/기능 등을 넣을 수 있습니다. 가로와 세로축이 반대로 되어도 무관하며, 편의에 따라 그릴 수 있습니다.

하나의 프로세스를 여러 개의 서브 프로세스로 정의하는 것이 원칙이지만, 여러 개의 프로세스를 여러 개의 서브 프로세스로도 나타낼 수 있습니다.

그림 6.4 서브 프로세스 정리 템플릿

6.4를 보면 총 21(가로축 7개 × 세로축 3개) 개의 셀을 만들 수 있습니다. 각 영역에 이제 상세 업무 활동 서브 프로세스를 그려 놓는 일만 남겨 놓았습니

다. 이때 각 셀에 집중하다 보면 보다 편하게 업무를 파악할 수 있습니다.

예를 들어, 매장 판매의 경우 아무래도 캐셔(cashier)의 서브 프로세스 파악이 중요합니다. 특히 POS(Point-of-Sale) 관련 업무 프로세스를 파악할 수 있어야 하며, 또 하나의 중요한 축인 고객반품에 대한 이해를 바탕으로 이를 위한 개선 활동을 할 수도 있을 것입니다. 이러한 파악은 해당 프로세스를 담당하는 실무자와 미팅 혹은 인터뷰를 통해 파악할 수 있습니다. 물론 위와 같은 템플릿을 미리 준비해 가는 것이 좋습니다. 이야기를 듣는 즉시 기록할 수도 있으며, 연필로 기록한 프로세스에 대해 미팅/인터뷰 마지막에 다시 확인할 수도 있습니다. 한 두 번의 각 팀의 실무자들과 업무 파악 미팅을 하다 보면 최종적으로 아래와 같은 상세 프로세스를 도출할 수 있습니다.

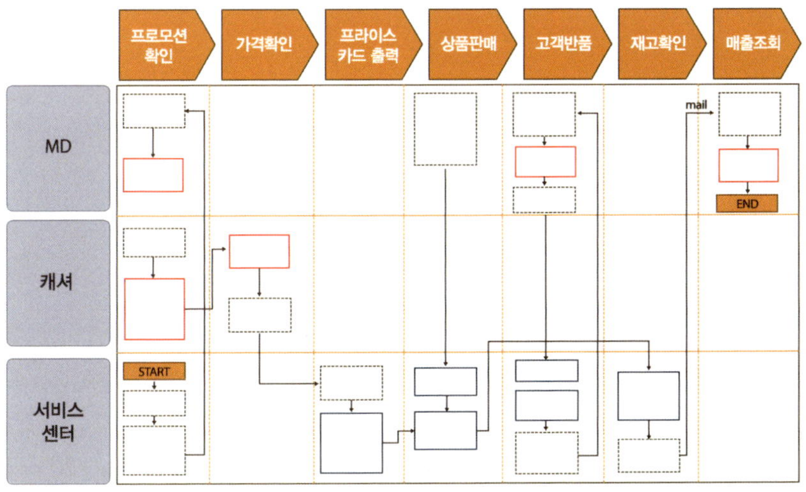

그림 6.5 서브 프로세스 파악

6.5에서 사각형으로 표현된 부분은 업무의 서브 프로세스라고 볼 수 있습니다. 물론 시스템 구축에 따라, 각 네모 칸을 다시 세분화하는 경우도 있습니다.

이때 맨 마지막의 가장 작은 프로세스를 Elementary Process(기초 프로세스) 혹은 Step이라고도 불립니다. 프로세스란 반드시 시작과 마지막이 있어야 하며, Decision(위에서는 마름모)도 포함될 수도 있습니다. 다만 Step의 경우 제일 아래 단계에 있는 것으로 아주 많은 단계가 있을 수 있으므로, 보통 엑셀에 정리하는 것이 일반적입니다.

프로젝트 범위에 따라 위와 같은 프로세스 정의 문서는 수십 장에서 수천 장까지 정리될 수 있으며, 각 프로세스마다 연결점까지 고려한다면, 쉽지 않은 일이 됩니다. 컨설팅 회사마다 각자의 방법론을 가지고 있는데 IBM의 경우 SIPOC이라는 프로세스 템플릿을 사용합니다. SIPOC은 (Supplier, Input, Process, Output, Customer)의 약자이며, 해당 프로세스에 영향을 미치는 Input(입력) 요소 및 Output(출력) 요소는 물론 해당 프로세스의 사용자(Customer)까지 정의해야 합니다. 쉽지 않은 작업이기 때문에 SIPOC(사이폭으로 읽음)을 Sigh Pox(한숨 + 몸에 나는 발진)로 부르기도 합니다.

특히 프로세스가 많아지면 이들 간의 연결고리 등이 많아지게 되며, 작성하는 사람이나, 읽는 사람이나 굉장히 난해하게 됩니다. 또한 이런 작업을 혼자 하는 것이 아니라 팀이 하다 보면, 각자의 프로세스 상의 연결고리, 용어, 프로세스의 Labeling(A라는 분은 사각형을 서브 프로세스로, B라는 분은 Step으로)도 문제가 될 수 있습니다.

물론 시간과 돈이 충분히 있다면 가급적 자세하게 체계적으로 프로세스를 정리할 수 있습니다. 또한 확실하게 연결고리를 만들어 완벽에 가까운 프로세스 모델링을 할 수도 있습니다.

하지만, 기억해야 할 점은 우리는 항상 시간에 제약을 받게 되며, 시간과 퀄리티 간의 발란스에 대해 항상 염두에 두어야 합니다. 무조건 상세한 프로세스라고 능사는 아니며, 짧은 시간에 핵심 프로세스만을 파악하는 것도 프로젝트 진행에 무리가 없다면 약식본도 충분히 생각해 볼 수 있습니다. 결국 해당 프로세스를 작성하여 어디에 어떻게 쓸 것인가를 항상 생각하며 불필요한 투자는 자제해야 할 것입니다.

지금까지 소개한 프로세스 모델링 부분은 어떻게 하면 업무 프로세스를 좀 더 과학적으로 분석하고 체계화할 수 있을지에 대한 설명이었습니다. 사실 위와 같은 프로세스를 파악하면서, 작성자는 질문을 가지게 되고, 다시 피드백을 받으면서 전체적인 업무 흐름을 쉽게 파악할 수 있게 됩니다. 또한 나아가서 개선할 포인트 등도 파악할 수 기회도 찾게 됩니다.

네모 박스를 이리저리 변경하다 보면 아주 혁신적인 아이디어가 나올 수도 있습니다. 우리 일상생활에서 예를 한 가지 들어보도록 하겠습니다.

우리가 아침에 출근하는 프로세스를 그려 본다고 하겠습니다. 또한 프로세스 목표는 출근 시간을 5분 앞당기는 것입니다. 다만 전제 조건은 기상 시간은 같다고 하겠습니다. 그럼 먼저 프로세스를 작성하게 합니다. '기상⇒세면⇒머리 말리기⇒아침⇒옷⇒출발' 현재의 프로세스입니다. 기상 시간이 같다면, 해당 프로세스들을 좀 더 빨리 하지 않는 이상 5분을 당기기는 쉽지 않을 것입니다. 그렇지만 이렇게 한번 해 보면 어떨까요? '기상⇒세면⇒아침⇒옷⇒출발'과 같이 '머리 말리기' 프로세스를 없애 버리면 어떨까요? 예를 들어, 남자의 경우 아침 식사를 하면서 일부 자연적으로 머리를 말리는 방법을 활용하는 것이죠.

이는 극단적인 예이지만, 우리가 일상적인 업무에서 조금만 다른 시각에서 보게 된다면, 업무 효율화를 도모할 수 있는 방법은 너무나 많이 찾을 수 있습니다. 본 장의 제목은 '업무 프로세스를 어떻게 빨리 파악할 수 있을까'입니다만, 더욱더 중요한 부분은 '파악된 프로세스를 어떻게 개선할 수 있느냐'이며, 해당 프로세스에 대해 끊임없는 질문과 도전을 통해서 개선의 포인트를 찾고 이를 실행해야 합니다. 관점이 바뀌게 되면 세상이 바뀌게 됩니다.

V E R S I O N 3 . 0 U P G R A D E P R O J E C T

PART 7

이슈와 리스크 관리

이슈 vs 리스크

먼저 이슈와 리스크가 어떻게 다른지 정의부터 내려야 할 것 같습니다. 먼저 일상생활에서 한 가지 예를 들어보도록 하겠습니다.

다음 주 이사 계획이 잡혀 있습니다. 앞서 이야기한 것처럼 이사도 하나의 프로젝트입니다. 다만 비가 올 것 같다는 리스크(Risk)가 존재합니다. 아직 확률이 높은 것이 아니지만, 여러 가지 일기 예보를 근거로 할 때 비 올 확률이 50% 이상입니다. 이처럼 어떤 프로젝트를 진행할 때 프로젝트에 직/간접적으로 부정적인 요인으로 작용할 수 있는 것을 리스크(Risk)라고 합니다. 이슈란 본 리스크가 실제로 발생하여 현재 프로젝트에 부정적인 영향을 미치고 있는 것을 의미합니다. 위의 예에서는 이사하는 날 비가 오는 것이 이슈가 될 수 있습니다.

이제 실제로 회사에서 발생하는 경우를 들어 설명하도록 하겠습니다. 시스템 혹은 새로운 비즈니스를 오픈하기 전에 예상되는 위험요소들이 있습니다. 예를 들어, 시스템 속도가 늦을 것 같다는 리스크, 새로운 비즈니스 특정 업무에 대해 회계 처리가 불명확할 수 있다는 리스크, 또한 리스크는 발생 가능성에 따라 상/중/하로 나누어질 수도 있습니다.

특히 프로젝트 비용에 대한 리스크는 퍼센트 단위로 그 확률을 추정하기도 합니다. 예를 들어 1억의 추가 비용이 투여될 것 같다는 리스크가 존재하며, 본 리스트의 발생 가능성이 50%라면 5,000만 원이 리스크 금액이 될 수 있습니다.

좀 더 쉽게 이야기하면 우리가 하는 '걱정'을 좀 더 그럴 듯하게 표현한 것입니다. 일을 하다 보면, 미진한 부분이 있을 수 있고, 해당 업무 담당자는 걱정을 하게 되며, 그러한 걱정을 공식화하는 것이 리스크입니다. 이러한 리스크가 실제로 발생하여, 업무나 프로젝트에 영향을 주는 것이 이슈입니다.

그럼, 이런 공식이 자연스럽게 도출될 수 있습니다. '리스크를 잘 관리(Manage)하면 이슈는 줄어들 수 있다.' 하지만, 예상하지 못한 이슈 등이 나오는 경우가 많이 있기 때문에 항상 맞는 말은 아닙니다. 다만, 리스크를 잘 관리하고 줄일 수 있으면 이슈는 상대적으로 줄어들 수 있기 때문에 프로젝트를 좀 더 관리하기가 용이할 것입니다.

리스크는 어떻게 파악하는 게 좋을까요? 보통 프로젝트 관리자 등은 해당 팀원들로부터 리스크에 대해 미팅이나 업무 회의를 통해 접하게 됩니다. 리스크 레벨은 상/중/하로 나누어 볼 수 있는데, 실제로 발생하였을 때의 중요도를 고려하여, 해당 리스크를 어떻게 관리할 것인지를 논의해야 합니다. 이러한 활동을 리스크의 미티케이션 계획(Mitigation Plan)이라고 부릅니다. 이는 해당 리스크의 발생 가능성을 낮추는 계획 혹은 관련된 활동입니다.

예를 들어 '시스템 속도 저하'라는 리스크가 있는데, 가만히 있으면 분명히 모든 사람이 해당 시스템을 원활히 사용할 수 없게 되고, 업무에 심각한 영향을 주게 됩니다. 미티케이션 계획(Mitigation Plan)은 미리 해당 시스템의 용량을 최대한 확보하는 것이 될 수 있습니다.

현재 업무 서버에 4개의 CPU가 있다면 미리 8개로 확장하는 것입니다. 4개를 가지고 시스템을 오픈하였을 경우, 시스템 속도 저하가 발생할 확률이 80%라면, 8개일 시 상당히 그 확률이 줄어들 수 있을 것입니다. 다만 그 확률이 '0'에 가까워지면 좋겠지만, 그렇게 되기란 쉽지 않습니다. 확률이 10%라고 가정한다고 해도, 그래도 발생 가능성은 있습니다. 이런 상황을 미리 대비해 놓는 것이 컨틴전시 계획(Contingency Plan)입니다.

이는 리스크가 실제로 실현되었을(이슈가 된) 경우 어떻게 이를 대비할 것인가에 대한 계획입니다. 우리는 시스템 오픈 첫날 접속자 수를 1,000명으로 예상하여 8개의 CPU는 충분하다고 생각했으나, 갑자기 10,000명이 접속하여 예상치 않게 시스템이 다운되는 상황이 발생할 수 있습니다. 이렇게 미티케이션 계획(Mitigation Plan)으로 해결하지 못하고, 예상치 않게 상황이 발생하였을 경우를 대비하는 것이 컨틴전시 계획(Contingency Plan)입니다.

위의 시스템 장애의 경우 어떠한 컨틴전시 계획(Contingency Plan)을 세울 수 있을까요? 추가 CPU를 8개를 확보해 놓을 수도 있습니다. 심각한 상황이 발생하면 8개를 추가하여 16개의 CPU가 될 수 있는 것입니다. 만약 이러한 컨틴전시 계획(Contingency Plan)이 없이 해당 상황을 맞게 된다면 프로젝트 팀은 공황 상황에 빠질 수도 있습니다.

하지만 최소한 8개의 CPU를 사전에 준비해 놓았다면 바로 시스템 업그레이드를 통해 어느 정도 시스템 장애를 해결할 수 있을 것입니다.

비즈니스적으로는 해당 시스템의 장애를 대비하여 미리 매뉴얼 프로세스를 준비해 놓을 수도 있습니다.

예를 들어 장애가 발생하여, 상품의 구매가 불가능한 경우 미리 준비한 엑셀, 메일, Fax 등을 이용하여 상품구매를 시스템 없이 진행할 수 있는 방법도 강구해 볼 수 있습니다. 7.1 리스크를 체계적으로 관리하기 위한 Log 파일입니다.

No.	Risk Description	Footprint View (Critical, High, Medium, Low)	Potential Impact (Manageable, Major, Critical)	Likelihood (Remote, Possible, Likely)	Mitigation Detailed (for Criticaly, High, Medium risks)	Assigned To / Owner	Status Update	Last Update Date	Status (Open/ Closed)
1	Loss of business resources	Critical	Manageable	Remote		Hong		xx-xx	OPEN
2									

그림 7.1 리스크 관리 로그 파일

리스크에 맞게 컨틴전시 계획(Contingency Plan)은 다양하게 개발될 수 있습니다. 특히 가장 민감한 부분인 추가적인 비용 발생 가능성에 대해서는 미리 인지하고, 프로젝트 담당자와 의사 결정권자가 충분한 논의를 해야 합니다. 만일 일어날 확률은 5% 이내이지만, 추가 비용으로 몇억이 든다면, 어느 누구도 그러한 계획을 수용할 수 없을 것입니다.

리스크 파악 및 중요도 인지

이슈와 리스크 관리

프로젝트 관리자의 입장에서는 각종 리스크를 미리 파악하여, 이를 줄이는 것이 중요한 업무 중의 하나입니다. 프로젝트 오픈 전에 해당 리스크를 파악하고 미티게이션 계획(Mitigation Plan)에 드는 비용이 100만원이라면, 해당 리스크가 실제로 이슈가 되어 이를 핸들링하는데 드는 비용은 10배 이상이 될 수 있음은 널리 알려진 이야기입니다.

예를 들어, 데이터 이행(Data Migration) 품질에 대한 리스크가 있는데, 이를 미리 해결하지 않고 시스템 오픈 후에 이를 해결하기란 불가능에 가깝거나, 아주 어려울 수 있습니다. 이로 인한 업무 장애, 비즈니스 기회 손실 발생 등을 감안하면, 100만 원이 1억을 넘어갈 수도 있습니다.

특히 팀원의 경우에는 자신이 생각하여, 리스크가 될 수 있는 부분에 대해서는 해당 관리자와 솔직히 이야기할 수 있어야 합니다. 어떤 리스크를 숨기거나, 간과하였을 시 발생할 수 있는 충격은 생각보다 크다는 것을 항상 명심해야 합니다.

다만 몇 년에 한 번 일어나지도 않을 가능성에 대해 지나치게 강조하는 것은 오히려 해당 프로젝트 팀 전체에 큰 에너지 낭비가 될 수가 있습니다. 따라서 본인의 판단으로 먼저 발생 가능성, 파급력(Impact) 등을 감안하여 상위 관리자에게 보고 하는 것이 바람직합니다.

프로젝트 매니저 및 관리자는 해당 리스크에 대해 팀원들로부터 항상 들을 수 있는 자세가 되어야 합니다. 프로젝트 관리자가 저지를 수 있는 실수 중의 하나는, 해당 리스크를 보고한 사람에게, '네가 처리해'라고 말하는 것입니다. 리스크 관리의 최종 책임자는 프로젝트 매니저임을 명심해야 합니다. 만약 이런 비슷한 상황이 몇 번 반복된다면, 해당 리스크의 보고자는 보고를 하는데 주저할 것이며, 이러한 리스크들이 쌓이고 쌓여 우리가 일반적으로 이야기하는 '대형사고'가 발생할 수 있습니다.

프로젝트를 하다 보면 기본적인 프로젝트 일 진행으로 미티게이션 (Mitigation)이나 컨틴전시(Contingency) 계획에 소홀히 하는 경우가 대부분입니다. 특히 해당 계획을 만들고 실행해야 할 담당자나 인력이 부족한 것도 사실입니다.

따라서, 이러한 계획 등을 형식적으로 하는 경우가 많이 있습니다. 하지만 리스크의 실현으로 업무에 지장을 준다면 이는 곧 매출 감소를 의미하며, 다시 수익 하락, 명성 하락과도 직결될 수 있는 문제이므로, 프로젝트 매니저는 항상 최적의 적임자를 파악하여 중요 리스크에 대해서는 항상 관심을 가지고 해결하려는 의지를 가지고 있어야 합니다.

특히 리스크가 현실화되어 이슈가 되었을 때는 이를 어떻게 누가 언제까지 핸들링할 것인가에 초점을 맞추어야 합니다.

예를 들어 앞의 예에서, 비록 시스템 다운까지는 가지 않은 상황이었지만 일반 유저들로부터 지속적으로 시스템 속도 저하에 관해 이슈가 접수되고 있다고 가정하도록 하겠습니다. 이슈는 반드시 중요도, 기간, 담당자가 지정되어야 합니다. 해당 담당자는 혼자서 해결한다기보다는 팀 내, 다른 부서, 심지어 협력사 등을 망라하여, 이슈 해결에 최선을 다해야 합니다.

예를 들어, 네트워크 속도, 데이터베이스 튜닝, 어플리케이션 튜닝에 관련하여 해당 전문가 집단과 충분한 논의를 거쳐 대안1, 대안2 등을 찾고, 사안의 중요성을 감안하여 필요시, Steering Group(보통 프로젝트 관리자, 재무담당 임원, CIO 등)에 보고하여 최종 결정을 받을 수도 있습니다.

특히 한국의 프로젝트 문화는 오픈일(Go-Live)이 정해져 있고, 이를 변경하는 것은 거의 불문율로 여겨지고 있습니다. 이를 변경하고자 할 시는 해당 담당자에게 여러 가지 질책이 쏟아질 수 있습니다. 하지만, 때에 따라서, 큰 리스트가 프로젝트 하반기에 발생할 수도 있으며, 이러한 것이 해결되지 않을 시는 Go-live 연기도 충분히 고려되어야 합니다.

오픈일에 너무 몰두한 나머지 해당 리스크를 무시하고 일을 진행하였을 시는 더 큰 재앙이 있을 수 있음을 알아야 할 것입니다.

어떠한 이슈를 처리하는 데는 서양과 한국은 많은 차이가 있습니다. 한국의 경우 보통 결과 지향적이라, "언제까지 반드시 해결하라", 혹은

"왜 이런 이슈가 발생했느냐" "테스트는 하지 않았느냐" 등이 이슈가 발생하였을 때 가장 많이 나오는 상급자의 질문입니다.

서양(특히 유럽의 경우)의 경우 프로젝트는 결과 지향적이라기보다는 과정 지향적인 성격을 많이 가지게 됩니다. 특히 가장 심하게 질책을 많이 받는 경우는 적시에 해당 이슈에 대해 보고하지 않아 의사 결정 시기를 놓치는 경우입니다.

프로젝트 관리 차원에서도 너무 늦어 어떻게 해 볼 여지가 남아 있지 않은 것입니다. 하지만 이슈에 대해 즉시, 정확히 보고한 경우, 한국처럼 질책성 질문은 많이 하지 않습니다.

다만, 해당 이슈를 풀기 위해 같이 고민하고, 결과 지향적이지 아니기 때문에 만약 시스템 오픈 전이라면, 과감히 No-Go(시스템 오픈 연기)를 결정하게 됩니다. 타당한 이유가 있고, 해결할 시간이 부족하다면 No-Go 결정에 대해 누구라도 질책을 할 수 없는 문화입니다.

다만, 한국의 경우 일단 Go(오픈)한 다음에 밤을 새워 가며, 해결하는 문화죠. 물론 우리나라의 결과 지향적 프로젝트가 개인적으로 장점이 많은 방법이라고 생각하지만, 이제 서서히 과정 지향적인 문화를 어느 정도 도입해야 하는 시점이 아닐까 합니다.

앞서 이야기한 '언제까지 반드시 해결하라' 혹은 '왜 이런 이슈가 발생 했느냐', '테스트는 하지 않았느냐' 대신 이런 이야기는 어떨까요?

‘다음 주까지 해당 이슈를 해결하기 위해 내가 무엇을 도와주면 되겠나’, ‘만약 다음 주까지 해결이 안 되었을 경우를 대비하여 차선책을 고민하자’

최소한 과거 일에 대해 질책하는 것은 시간 낭비이며 미래를 어떻게 풀어나갈지 고민하는 것이 진정한 리더가 아닐까요?

마지막으로 리스크 관리자는 커뮤니케이션 관점에서도 많은 신경을 써야 합니다. 분명 문제는 있는데, 어떠한 내/외부 고지가 없으면 해당 프로젝트 팀에 대해 불만을 가중시키는 결과를 초래할 수 있습니다. 반드시 어떠한 원인으로 인해 이러한 문제가 있으니, 언제까지 처리하려고 최선을 다하고 있다. 불편하지만 언제까지 참아달라고 하는 메일을 가급적 해당 프로젝트 최고 담당자가 공식적으로 공표(Announce)하는 것이 바람직합니다. 이러한 불만 사항에 대해 축소하거나, 간과하였을 시는 ‘호미로 막을 것을 가래로 막는다’라는 속담을 기억하시기 바랍니다.

VERSION 3.0 UPGRADE PROJECT

PART 8

나의 개인적인 모티베이션과
연봉을 어떻게 올릴 수 있을까?

참으로 어려운 주제입니다. 어떻게 하면 모티베이션(업무 동기)을 올릴 수 있을까? 사실 맡은 업무가 재미가 있고, 비전이 있으며, 거기다가 연봉까지 만족할 만한 수준이라면 모티베이션은 아주 좋을 수 있습니다. 하지만 대부분 반대되는 경우가 훨씬 많은 것 같습니다.

매니저/보스는 매일 질책과 압박을 하고, 업무도 단순 반복적이며, 비전도 없으며, 거기다가 연봉까지 만족할 수준이(사실 연봉은 평생 만족하기가 힘들 것 같습니다) 아니라면, 매일 출근길이 지옥 가는 길이 될 수 있겠죠.

TV 토크쇼에서 누군가 이런 말을 했습니다. '잠자리에 들기 전에 별 걱정 없이 편안히 잠들 수 있으면 행복한 것'이라구요. 다만 이 소박한 행복을 가질 수 있는 사람이 직장인 중 과연 얼마나 될까요? 모티베이션(Motivation, 업무 동기)에 관한 인사 관련 책은 너무나 많습니다.

저도 정기적으로 교육도 받고, 책도 읽고, 실제로 활용하려고 많은 노력을 하고 있습니다. 다만 본 책은 인사 관련 책이 아니기 때문에 어떤 기술적인 방법이 아니라, 어떻게 하면 우리를 우리 중심에서 스스로 자기 각성을 통해 모티베이션을 올릴 수 있을지에 초점을 맞추고자 합니다. 아울러 연봉은 회사가 올려주는 것이 아니라 자기가 올려받는다는 것을 설명하고자 합니다.

자신의 비전?

회사도 비전이 있고, 나라도 비전이 있습니다. 비전이란 어떻게 보면 추상적으로 보일 수 있는 문구이지만, 개인의 비전은 구체적으로 만드는 것이 중요한 것 같습니다. 쉽게 이야기하자면 우리들이 한 번씩 꾸는 꿈이라고 말할 수 있습니다. 물론 로또는 확률이 너무 낮아서 예외로 하겠습니다.

30대라면 이러한 꿈을 꾸어 볼 수 있겠죠. '난 10년 안에 10억을 벌어야겠어', '난 15년 안에 반드시 임원이 될 거야', '난 10년 안에 이 분야에서 최고가 될 거야' 혹은 '난 가족들과 건강하게 잘 지냈으면 해' 이러한 꿈은 거창할 수도 있으며 소박할 수도 있습니다.

개인적으로 꿈이 없으면 발전을 기대하기가 힘들다고 봅니다. 자신이 가야할 목표가 없으니까요. 꿈이 있고, 자신이 처한 현재 상태가 있습니다. 그렇다면 이둘 사이에 존재하는 것이 갭이라고 볼 수 있습니다.

현재에서 꿈을 이루기 위해서는 수많은 갭들을 없애야 합니다. 이러한 갭들을 매달/매년 조금씩 없애다 보면 언젠가는 그 꿈을 얻을 수 있는 것입니다.

언젠가 '시크릿(SECRET)'이라는 책을 읽은 적이 있습니다. 요지는 우주의 비밀스러운 에너지(끌어 당김의 법칙)로 인해 우리가 마음먹은 일은 걸리는 시간은 다를 수 있지만 반드시 이루어진다는 겁니다.

예를 들어, '난 5년 안에 꼭 5억을 벌 거야' 라고 굳센 마음을 먹으면 5년 안에 실제로 5억이 생긴다는 이치이죠. 책에서는 이를 끌어 당김의 법칙이라고 표현하지만 저는 이를 조금 다르게 해석하고자 합니다.

꿈이 이루어진다는 것은 위에 이야기한 꿈을 설정하고, 이 꿈을 이루기 위해, 자신도 알게 모르게 무의식적으로 그 중간에 놓여 있는 갭들을 하나둘씩 없애가려고 노력하는 것이라고 생각합니다. 우주의 신비라기보다는 개인이 어떤 갈망을 하게 되면 자신의 그것을 이루어 내기 위해 의식적으로/무의식적으로 많은 노력을 하게 된다는 것이죠. 하지만 그런 꿈이 없으면 어떻게 될까요? 당연히 없애야 할 갭도 없어지며, 영원히 '현재'만 존재하는 것입니다. 발전이 쉽지 않겠죠.

20대 말 한창 직장 생활을 시작하였을 때 저에게는 다른 꿈보다는 5,000만원만 있으면 좋겠다는 생각을 참 많이 했습니다. 그 당시로는 저에게 굉장히 큰 돈이었으며, 5,000만원만 있으면 모든 걸 할 수 있을 것 같았습니다. 거짓말처럼 정확이 4년 뒤에 5,000만원을 모을 수 있었습니다. 지금 생각하면 아쉽습니다. 그때 한 10억쯤으로 꿈을 설정했으면 좋았을 것을요.

만약 아직 꿈이 없다면, 자신이 진정으로 원하는 것이 무엇인지 생각해 보시길 바랍니다. 돈, 명예, 의리, 사랑 등 마음 속 깊이 갈망하는 꿈을 머릿속에서 생각해보세요. 그리고 잠자리 들기 전 그 꿈이 이루어졌을 때의 그 행복감에 도취해 보는 것은 어떨까요? 계속 그 꿈을 생각하다 보면 결국 자기 체면에 걸려 이러한 것들을 이루려고 하게 되고, 이러한 것들이 쌓여 언젠가는 반드시 실현될 것입니다.

이런 꿈들을 꾸는 것은 자신의 모티베이션을 올리는 데도 상당한 도움이 될 수 있습니다. 상사한테 야단 맞고, 고객한테 야단 맞고, 배우자에게 잔소리 듣고, 어디 가도 갈 테가 없을 때, 자신의 꿈을 다시 한번 되새겨 보세요. 마음의 위안이 될 뿐만 아니라, 그 바쁜 시간에도 그 꿈을 이루기 위해 여러분들은 뭐라도 지금 하고 있을 겁니다.

자기가 싫어하고 좋아하는 일

과연 현재의 직장인들 중에서(전문직 포함하여) 자신이 하고 싶고 적성에 맞는 일을 하고 있는 분들이 과연 몇 퍼센트나 될까요? 저는 어려서부터 이공계가 적성에 맞는다고 생각했지만, 대학 전공은 경영계열, 대학원은 마케팅 그리고 지금은 IT 관련하여 17년 이상 일하고 있습니다. 제가 비록 경영계열 쪽에서 공부를 했지만 이공계라는 꿈을 계속 꾸어와서 결국 IT 쪽으로 일을 하게 된 것이 아닌가도 합니다.

처음에는 비즈니스 컨설팅 관련하여 일을 시작하게 되었습니다. 고객사 자료를 분석하고, 문서 만들고, 발표하고 이런 일들을 하게 되었습니다. 물론 딱히 제 성격에 맞는 일은 아니었지만 그렇다고 싫지도 않았습니다. 다만 계속되는 업무 가중, 야근, 개인 생활 없음, 고객사와의 갈등 등 업무 스트레스는 갈수록 가중되어 갔으며, 과연 내가 언제까지 이 일을 할 수 있을까 하는 의문이 점점 더 들기 시작하였습니다.

2000년경 당시 컨설팅 회사들이 비즈니스 컨설팅으로는 매출 성장에 한계가 있다고 생각하고 IT, 정확히 전사적 자원관리(ERP) 시스템 구축 작업에 많은 정성을 들이던 시기였습니다. 그도 그럴 것이 비즈니스 컨설팅은 고작해야 4-5명이 3-4개월이면 끝이 나지만, 시스템 구축 작업은 적게는 10명 많게는 수십 명이 최소 1년 이상 투입되기 때문에 엄청난 캐시카우(Cash Cow, 수익창출원)였죠. 지금 생각해 보면 이런 추세를 잘 얻어 탄 것이 아닌가 합니다.

비록 문과 쪽으로 공부를 해왔지만 컴퓨터 쪽에 개인적으로 많은 관심을 가지고 있었던(IT지식은 없었음) 차였는데, 기회가 왔습니다. 다만 선택을 해야 했습니다. 하나는 비즈니스 컨설팅 프로젝트였는데, 아주 친절한(?) 고객사에서 6개월 이상 상대적으로 아주 편하게 일할 수 있는 프로젝트였습니다. 거의 동시에 시작할 프로젝트는 ERP 프로젝트였는데, 해당 산업에 대해 비즈니스 이해도가 있으며 IT 쪽을 담당하는 역할이었습니다.

전자의 경우 6개월 좀 편하게 다닐 수 있는 상황이었으며, 두 번째는 해당 산업에 대해 비즈니스 이해도는 있으나, 해당 ERP에 대해 기초지식만 가지고 있던 저로서는 '총도 안주고 전쟁터로 가라'는 그런 느낌이었습니다.

근데, 고민은 순간적이었습니다. 저의 커리어 꿈은 비즈니스와 IT의 융합된 전문가였고 주저 없이 후자를 선택했습니다. 시작은 절망적이었습니다. 생전 처음 보는 용어에 데이터베이스의 테이블 수가 몇천 개(어떤 정보를 담기 위한 그릇으로 이해하는 것이 좋을 것 같습니다), 시스템의 기능도 전혀 모르겠고, 그러나 무엇보다 절망적인 사실은 제가 해당 시스템의 IT 컨설턴트였다는 것이었습니다. 고객사는 수시로 질문하였고, 아는 것은 없었고, 이건 뭐 생지옥이 따로 없었습니다. 이때 저를 지탱해준 것은 IT와 비즈니스의 융합 전문가, 그리고, 해당 시스템이 시장 잠재력이 있어, 앞으로 잘 성장하겠다는 막연한 기대감으로 하루하루 견딜 수 있었던 것 같습니다.

처음 1년간 프로젝트가 어떻게 지나갔는지 모르겠지만, 프로젝트가 끝이 나니 회사에서는 벌써 해당 시스템 전문가로 불리더군요. 프로젝트 한번 해보았을 뿐인데요.

그다음 놀라운 일이 벌어졌습니다. 두 번째 같은 시스템으로 비슷한 프로젝트를 하게 되었는데, 이제 전체적인 시스템이 눈에 들어오고, 일을 하면 할수록 재미가 있게 되었습니다. 특히 아주 복잡한 로직을 혼자 끙끙대면서 해독(?)했을 때의 그 기쁨은 정말 컸습니다. 왠지 한국에서 혼자만 안다라는 허황된 착각을 하게 만들었죠. 갈수록 전문적인 지식이 쌓이며, 어느 정도 적성과도 맞아, 일이 좀 재미있다라고 느낀 것이 34세 전후가 되었던 것 같습니다.

물론 이후에도 천여 개 되는 테이블 구조를 어느 정도 파악하고, 비즈니스 프로세스까지 전부 머릿속에 꿰차게 되었을 때 비로소 저의 꿈이 실현되고 있구나 하는 희열 또한 경험할 수 있었습니다.

자신이 동경하거나 하고 싶은 일을 하는 것은 그리 어려운 일 같지는 않습니다. 다른 부서 일이 하고 싶으면, 해당 부서장과 친하게 지낼 수도 있으며, 반드시 기회는 올 수 있습니다.

다만 회사의 일이라는 것이 개인적으로 선호한다고 해서 Performance(업무능력)가 난다는 보장은 없습니다. 해당 업무를 하기 전과 실제로 하였을 때 상당한 GAP을 가질 수 있으며, 처음 하는 일 자체가 처음부터 상당한 난이도를 요하는 경우 많은 스트레스와 어려움을 겪을 수 있습니다.

다만 한 가지 확실한 건 일의 선호도를 떠나 경함이 쌓이다 보면 일이 점점 더 편해질 수도 있으며, 일이 재미있어지는 경우가 많이 있습니다. 자신의 경력은 회사가 만들어 주는 것이 아니라, 자신이 만들어 나가는 겁니다.

연봉 올려 받기

먼저 우리가 매일 구입하는 상품의 예를 몇 가지 들어보도록 하겠습니다. 만약 신기술을 가진 IT기기가 나왔다고 생각하죠. 가격은 웬만한 직장인 한 달 월급과 맞먹습니다. 다만 꼭 필요한 사람들은 금액에 구애받지 않고 구입하려고 합니다. 부르는 게 값인 상품이죠. 상품을 사람과 비교하기는 뭐 하지만 비교 한번 해보도록 하겠습니다.

만약 다른 사람에 비해 어떤 새로운 기술에 대한 지식과 경험이 있다고 가정하겠습니다. 기업의 입장에서는 해당 기술을 가진 사람이 반드시 필요한 경우라면, 해당 인력을 어떠한 연봉을 줘서라도 고용을 하고 싶어합니다.

보통 이럴 경우 복수의 기업에서 해당 인력을 필요로 하는 경우가 많습니다. 수요는 많은데, 공급이 없다면, 기본적인 경제원리에 의해 연봉 수준은 기하급수적으로 올라가기 마련입니다. 이때는 기업이 인력을 선별하여 고용하는 것이 아니라 해당 인력이 기업을 선별하게 되는 상황이 발생하게 됩니다.

1990년 중·후반부터 2000년 초반까지 많은 대기업들이 너도나도 전사적 자원관리(ERP) 시스템을 경쟁적으로 도입하였습니다. 이때 아주 상한가이던 분들은 ERP 관련 컨설턴트들이었습니다. 아마 2000년 후반 이후에도 해당 관련 고급 기술자분들은 상대적으로 훌륭한 연봉 체계를 가지고 있을 것으로 생각됩니다.

다만 이러한 흐름을 잘 타기란 쉽지 않지만, IT 관련 책자나, 잡지 등을 읽어보면 세계적인 IT 트렌드를 읽을 수 있습니다. 미리 그러한 영역에 대해 필요한 강의를 온라인 수강하는 것도 좋은 방법이 될 수 있습니다.

물론 기본적인 지식만 가지고 프로젝트에 투입되었을 시는 많이 힘들겠지만, 새로운 일에 대한 도전, 장래성을 기본 모티베이션으로 삼고 한 번 정도 프로젝트를 완료한다면, 전문가의 세계에 충분히 발을 들일 수 있습니다.

또한 시대적인 흐름에 의해 특수가 생기는 경우가 있습니다. 2000년 후반 금융계에서는 바젤II 기반의 시스템 업그레이드가 필수가 되었는데, 사실 이를 아는 사람이 별로 없었죠. 그 이전에는 1999년 밀레니엄 버그로 인해 코볼 개발자들이 상한가를 쳤던 경우도 있습니다. 명심하세요. 연봉의 경우도 철저하게 수요/공급의 법칙이 존재한다는 사실을요.

그러나 사실 위의 경우는 현실화되기는 쉽지 않습니다. 운이 좋은 경우 3년 정도에 일반 IT 종사자들의 10년 치 연봉을 버는 사례도 많이 보긴 했지만 말입니다.

그럼 두 번째 경우를 살펴볼까요? 여러분들이 1년 전에 나온 IT 기기를 구입한다고 가정하죠. 가격도 비슷하고, 디자인도 비슷하지만, A라는 제품이 B라는 제품에 비해 기능이 훨씬 뛰어나고 내구성도 좋다고 가정하도록 하겠습니다. 여러 분들 같으면 어떤 제품을 구매하시겠습니까? 당연히 A 제품을 구매하겠죠. 사실 본 책은 이 두 번째에 초점을 맞추어 썼습니다.

바로 '어떻게 나를 다른 사람과 비교하여 차별화시키며 업그레이드를 시킬까'입니다. 개발자는 단순히 프로그램 요구사항을 받아서 개발하시는 분, 아니면 직접 비즈니스를 리드 하면서 효율적으로 요구 사항을 정리하여 개발까지 하시는 분으로 크게 나뉩니다. 두 분은 분명 차이가 있으며, 처음에 연봉이 10%차이가 났다면 시간이 지날수록 그 차이는 더욱더 커질 것입니다.

상품을 개발할 때 개발자들은 어떤 것을 생각할까요? 일단 제품의 기본 성능, 마케팅, 패키지, 가격 등 다각도로 많은 시간을 두어 고민하고 또 고민하게 됩니다. 자, 그럼 IT인이라면 어떻게 우리를 잘 상품화할 수 있을까요?

먼저 자기가 맡은 영역 중 핵심 역량(Core Competence)에 대해 충분한 경쟁력을 가져야 합니다. 프로그램 개발자라면, 개발툴에 해박한 지식과 경험이 가장 우선시 되겠죠. 네트워크 컨설턴트라면 네트워크 이론, 환경 설정(Configurations), 하드웨어 이슈 해결 능력과 같은 기본 역량을 가져야할 것 같습니다.

ERP 컨설턴트라면, 해당 ERP에 해박한 기능적 이해가 가장 기본적인 것이 되겠죠. 이와 같은 핵심 역량 없이 추가적인 가치를 늘려가는 것은 의미가 없습니다. 사상누각이 되겠죠. 하지만 만일, ERP 컨설턴트가 기본적인 기능(Function)에 대한 이해를 바탕으로 기술적 영역(Technical Side(예 : 수정 프로그램 설계서))까지 감당할 수 있는 능력을 갖춘다면, 그 가치는 더욱더 높아질 수 있겠죠. 특히 외국어 영역까지 커버할 수 있으면, 금상첨화 입니다.

처음에는 핵심 역량(Core Competence)의 심도(Depth)를 높히는데 포커스를 맞추어야 하지만 시간이 지날수록 범위(Width) 그리고 Width × Depth가 충분히 채워지는 시기가 오면, 거짓말처럼 여러분의 연봉은 여러분의 가치에 맞게 따라올 것입니다. 하지만 한가지의 역량만 가지고 있다면, 그리고 한 좁은 분야에 대한 심도만 가지고 있다면 당장은 문제가 없지만, 나이가 들수록 진로 계획(Career Plan)에 장애가 발생하고 이직을 고려할 때 갈 수 있는 영역이 줄어들게 됩니다.

잠시 영어에 대해 이야기해 볼까요? IT 하시는 분들이 상대적으로 비즈니스보다 약한 부분이 영어입니다. 물론 외국인과 프로젝트를 같이 하게 되면, 영어가 비약적으로 늘게 되지만 사실 그러한 기회를 잡는 것은 쉽지 않습니다. 그리고 아무래도 국내 기업보다는 외국계 기업에서 일하게 되면 영어에 대한 노출 기회가 많은 것이 사실입니다.

한 예로 영어를 거의 못하시는 분이 영국/인도분과 1-2년 프로젝트를 같이 하더니 아주 비약적으로 영어가 느는 것을 볼 수 있었습니다. 외국어, 특히 영어는 국내에서 프로젝트를 하는 데는 크게 도움이 되지 않습니다.

물론 외국인이 많이 참여하는 프로젝트는 예외가 되겠지요. 하지만 영어 능력 없이는 우리가 갈 수 있는 직장은 '한국 내'로 한정됩니다. 다만, 아주 유창한 영어는 아니더라도(사실 IT의 경우 상대적으로 비즈니스보다 조금 낮은 수준이 요구됩니다), 일반적인 대화가 가능한 수준이라면, 전 세계가 여러분의 직장이 될 수 있습니다. 'Jobserve.com'이나 'Monster.com'에 한번 들어가 보세요, 하루에도 수천 개씩 각 나라별로 IT 직업들이 쏟아지고 있습니다. 그리고 세계에서 사람들을 뽑고 있습니다. 특히 자국에 훌륭한 IT 인력이 없는 나라일수록 그 요구는 아주 큽니다.

예를 들어 영국의 경우 취업비자를 받기가 쉽지 않은 나라입니다. 예전에 박지성 선수도 취업비자가 한번 거절되었죠. 하지만 꼭 필요한 사람이라고 생각이 들면, 회사가 보증을 서고 취업 비자를 받게 해줍니다. 일본의 경우도 마찬가지구요.

연봉 수준은 영국의 경우 한국 연봉의 1.5배에서 2배까지 형성되어 있습니다. 일본의 경우도 최소 1.5배 수준 이상으로 형성되어 있습니다. 영어만 된다면 여러 구직(Job Search) 사이트에서 지원을 해보세요. 꿈은 이루어질 수 있습니다. 외국에서 일하는 방법은 몇 가지가 있습니다. 첫째, 바로 지원을 하는 경우죠. 이런 경우 훌륭한 자격을 갖추어야 하며, 순수히 혼자의 힘으로 취업하기에는 많은 노력이 필요합니다.

두 번째의 경우 외국에 본사를 두고 있는 한국 지사에 취업하는 경우입니다. 보통 외국사의 경우 전 세계가 같은 시스템을 사용하기 때문에 다른 나라로 갈 수 있는 기회는 훨씬 높으며, 취업 비자의 경우도 회사 간 연계(Inter-Company)로 해서 본사와 지사가 알아서 처리해 줍니다.

만약 본사, 다른 나라 지사로 2년 계약으로 일을 하다가 한국 지사를 사직하고 본사로 재취업하는 방법도 있습니다. 2년 동안 내부 인적 네트워크를 많이 구축하고, 실력을 인정받게 되면 외국 본사에 바로 취업하는 것은 그렇게 어렵지 않습니다.

기업이 사람을 고용할 때 가장 걱정이 되는 것은 검증이 되지 않았다는 것입니다. 물론 레퍼런스(Reference, 전 직장 상사/동료의 추천서)를 받는 기업도 많지만 보통 레퍼런스에는 나쁜 이야기는 없죠. 하지만 내부적으로 검증이 된 인력이라면, 이러한 기우가 없기 때문에 고용에 아주 적극적이 됩니다.

물론 한 직장에서 오래 있는 것과, 이직하는 것에는 많은 논란이 있을 수 있으나, 연봉이 현재보다 1.3배 이상 많고, 현 직장에서 최소 5년 이상 근무하였다면 보다 좋은 기회를 위한 이직도 나쁘지만은 않을 것 같습니다.

저의 경험으로 보았을 때 5년 정도 전문 경험을 쌓은 후 연봉을 30% 이상 올려 받았을 때가 제일 좋았던 것 같습니다. 결국 연봉이란, '우리 회사는 연봉이 왜 이것밖에 안 되지'가 아니라 자신을 업그레이드시켜 상품성을 크게 하는 것이 가장 빠른 방법이라고 생각합니다.